D1723828

GoBD und Big Data

Neue Herausforderungen für die digitale Datenanalyse

Herausgegeben vom
Deggendorfer Forum zur digitalen Datenanalyse e. V.

Mit Beiträgen von
Dr. David Christen, Dominik Fischer, Anton Grening,
Dr. Markus Grottke, Holger Klindtworth, Martin Landvoigt,
Dr. Sascha Mehlhase, Dr. Lars Meyer-Pries, Günter Müller,
Wolf-Dietrich Richter, Prof. em. Dr. Hartmut J. Will

ERICH SCHMIDT VERLAG

Bibliografische Information der Deutschen Nationalbibliothek
Die Deutsche Nationalbibliothek verzeichnet diese Publikation
in der Deutschen Nationalbibliografie; detaillierte bibliografische Daten
sind im Internet über http://dnb.d-nb.de abrufbar.

Weitere Informationen zu diesem Titel finden Sie im Internet unter
ESV.info/978 3 503 16543 8

Gedrucktes Werk: ISBN 978 3 503 16543 8
eBook: ISBN 978 3 503 16544 5

Dieses Papier erfüllt die Frankfurter Forderungen
der Deutschen Nationalbibliothek und der Gesellschaft für das Buch
bezüglich der Alterungsbeständigkeit und entspricht sowohl den
strengen Bestimmungen der US Norm Ansi/Niso Z 39.48-1992
als auch der ISO Norm 9706.

Druck und Bindung: Strauss, Mörlenbach

Vorwort

Das Deggendorfer Forum 2015 stand unter dem Thema: „Datenanalyse: Objektivität, Transparenz und Vertrauen durch Big Data?!"
Die Beiträge in diesem 11. Tagungsband des Deggendorfer Forums basieren auf Vorträgen aus Wirtschaft, Forschung und Praxis. Die Ausgabe bietet ein weiteres Mal die Möglichkeit sich mit den verschiedenen Gesichtspunkten der präsentierten Inhalte auseinandersetzen zu können.

Die Eröffnungsrede des 11. Deggendorfer Forum zur digitalen Datenanalyse 2015 hielt, wie vor 10 Jahren, Prof. Dr. Hart Will aus Vancouver.
Vielen Anwendern von ACL ist er als Begründer und Entwickler der „Audit Command Language" ein Begriff. Seinen Forschungen verdanken die Prüfer ein Werkzeug aber auch eine Methodik zur Datenanalyse, die bis heute einen Meilenstein in der digitalen Datenanalyse darstellen. Hart Will geht in seinem Eröffnungsvortrag kritisch auf Problembereiche der Datenanalyse ein, die sich seiner Meinung nach auch im Zeitalter von Big Data nicht grundlegend geändert haben.

Anschließend folgte Dr. Markus Grottke von der Universität Passau mit seinem Vortrag „Rechnungslegungsbasierte Unternehmensbewertung unter Einbezug unstrukturierter Informationen – ein Markovkettenansatz". In seinem Beitrag wird eine Lösung offeriert, um Unternehmensbewertungen mit relativ geringen Datenvoraussetzungen fundiert vorzunehmen und zeigt gleichzeitig, auf welche Weise bei der Unternehmensbewertung zudem bedeutsame qualitative Erkenntnisse in den Bewertungsprozess einbezogen werden können.

Die nächsten beiden Beiträge basieren auf Bachelorarbeiten aus der Hochschule zu Themen der Datenanalyse. In der ersten Arbeit „Journal Entry Testing - ein praxisorientierter Ansatz unter Verwendung der Netzwerkstruktur", wurde die bereits im Deggendorfer Forum, von Prof. Mochty vorgestellte Methode zu grafentheoretische Analyse beim Journal Entry Test, von Dominik Fischer in Zusammenarbeit mit Wolf-Dietrich Richter der BDO AWT, in eine Machbarkeitsstudie umgesetzt und prototypisch implementiert.
Die Arbeit von Anton Grening und Günter Müller unter dem Thema „Datenanalyse als Vorbote für die zukunftsorientierte Risikobewertung im Mittelstand" beschreibt die Möglichkeiten der ‚Predictive Analytics'. In einer Machbarkeitsstudie werden den theoretischen Anforderungen und Problemen der Praxis gegenübergestellt.

Es lohnt sich gerade beim Thema Datenanalyse immer wieder, einen Blick über den Zaun zu werfen und zu sehen, wie in diesem Fall Physiker mit den Herausforderungen großer Datenmengen umgehen. Alleine die Datenmengen, die am CERN in Genf generiert und verarbeitet werden, übersteigen schon jedes Vorstellungsvermögen. Interessant und sehr aufschlussreich sind aber auch die Technologien und Methoden, die dort eingesetzt werden, um den hohen fachlichen Anforderungen der Kunden gerecht zu werden. Es ist sicher kein Zufall, dass Wirtschaft und Industrie sehr gerne Mitarbeiter aus dieser Welt für ihre Datenanalyseprojekte rekrutieren. Einen Einblick in diese Welt gibt Dr. Sascha Mehlhase, Mitarbeiter am Lehrstuhl für Elementarteilchenphysik an der LMU München, in seinem Beitrag „Die Teilchen-Nadel im Daten-Heuhaufen finden".

Aus den jüngst in Kraft getretenen GoBD (*Grundsätze zur ordnungsmäßigen Führung und Aufbewahrung von Büchern, Aufzeichnungen und Unterlagen in elektronischer Form sowie zum Datenzugriff*) ergeben sich sowohl für Prüfer als auch die Softwareindustrie neue Aufgaben, um den neuen zumindest aber neu formulierten Ansprüchen der Finanzverwaltung Rechnung zu tragen. Dr. Lars Meyer-Pries von der DATEV eG übernimmt es, diese neue Sichtweise für unser Forum aufzubereiten und zusammenzufassen.

Abschließend bezieht Holger Klindtworth in seinem Beitrag, der zu den Herausforderungen der GoBD im Zusammenhang mit Big Data aus dem Blickwinkel des Fachausschuss für Informationstechnologie des IDW, Position.

Bei allen Referenten und Mitwirkenden möchte ich mich an dieser Stelle persönlich sowie im Namen des Vereins recht herzlich für ihr großartiges Engagement bedanken ebenso auch für die Mühe mit der sie Ihr Wissen und ihre Erfahrungen in diesen Tagungsband eingebracht haben. Ohne ihre Unterstützung wäre die Herausgabe dieses Tagungsbandes nicht möglich gewesen.

Mein besonderer Dank richtet sich an die Kooperationspartner: dab: GmbH, BDO AG, DATEV eG und der Technische Hochschule Deggendorf. Für die Anpassung der schriftlichen Beiträge an ein einheitliches Layout bedanke ich mich bei Herrn Galetzka, Student der Technischen Hochschule Deggendorf, sowie beim Erich Schmidt Verlag.

Georg Herde

Deggendorf, im Oktober 2015

Inhaltsverzeichnis

Wolf-Dietrich Richter, Dominik Fischer

Günter Müller, Anton Grening

Dr. Sascha Mehlhase

Die Teilchen-Nadel im Daten-Heuhaufen finden **125**

Dr. Lars Meyer-Pries

GoBD und E-Bilanz im Spannungsfeld zwischen Digitalisierungs-streben und Akzeptanzanspruch **135**

Holger Klindtworth

GoBD und Big Data **153**

Erhöhte Objektivität, Transparenz und Vertrauen mit Big Data?!

Prof. Em. Hartmut J. Will
Dipl.-Kfm., Ph.D, CPA, CMA

Inhaltsübersicht

1 Abstrakt

„Big Data" (ohne rationale Erklärungen) ist eine Ideologie von Informationsmonopolisten, -oligarchen und -technologen, die algorithmisch und datentechnisch fixiert, aber erkenntnistheoretisch unkritisch sind und uns weismachen wollen, dass globale Vernetzung durch sie für uns „sharing" bedeutet. In Wahrheit geschieht sie aber zu ihren Gunsten und auf unsere Kosten. Daten sind natürlich schon immer Bausteine unseres Wissens, seit Menschen Beobachtungen machen und kritisch darüber nachdenken. Dieses Sammeln und Nachdenken jetzt programmierten Monitoren und undurchsichtigen Algorithmen zu überlassen „enthauptet" die Geistesgeschichte der Menschheit. Hinter jeder Beobachtung (allgemein als Daten verstanden) steht eine kognitive Anforderung, Hypothese oder Vermutung, die zu formulieren man keinem noch so künstlich intelligenten Monitor oder (Such)-Mechanismus überlassen kann. Es geht viel zu oft darum, nur spekulative Hinweise, nützliche Trends oder pragmatische Argumente anstatt glaubwürdiges Wissen zu gewinnen, und sie im Eigeninteresse als objektive, transparente und vertrauensvolle Informationen zu verkaufen. Andererseits sind Daten und Informationen kommunizierbar und von kritischen und rationalen Menschen als logisch richtig oder falsch bzw. als glaubwürdig oder unglaubwürdig bewertbar. Maschinell entdeckte Korrelationen und ihr unkritisch programmierter Austausch zwischen Menschen oder Computern reichen nicht aus, weil sie nicht rational erklären, sondern sogar algorithmisch verblenden können. Folglich sind weder erhöhte Objektivität noch größere Transparenz und noch weniger verbessertes Vertrauen durch nicht aufklärende „Big Data" zu gewinnen. Wir erliegen einer gefährlichen Illusion und einem geistes-geschichtlichen und politischen Irrtum größten Ausmaßes, wenn wir uns der Big-Data-Ideologie unkritisch ergeben und wichtige erkenntnistheoretische sowie ethische Unterscheidungen unterlassen, die wir hier am Beispiel von englisch-sprachigen Beiträgen zum Thema illustrieren und kommentieren.

Schlüsselwörter: Big Data, Daten-Governance, Informationssystem-Theorie, Prüfungstheorie

2 Einleitung

Big Data ist ein moderner *terminus technicus* mit einer scheinbar kognitiven Bedeutung, die eine ideologische Orientierung derjenigen verschleiert, welche versuchen, wohlwollend, kriminell oder „unschuldig" Kontrolle über unser Wissen und Verhalten zu erlangen. Ohne erkenntnistheoretische und wissenschaftstheoretische Basis sind „kleine/small" und besonders „massenhafte/big" Daten ein Mythos. Wenn „die Wahrheit" das darstellt, was „auf dem Bildschirm" zu sehen ist, der von jenen kontrolliert ist, die auch „die Wolke" kontrollieren, dann vernebeln wir unser kulturelles und philosophisches Erbe seit der Aufklärung. Alle bisher gewonnenen aufklärenden Einsichten und Erkenntnisse scheinen von Technokraten und Kontrolleuren der Informationstechnologie bewusst vergessen oder ignoriert zu sein, um ihre persönlichen, politischen, sozialen und wirtschaftlichen Interessen „big-data-ideologisch" durchzusetzen.

> *Ideologie ist definiert als „der Komplex von Doktrin, Mythos, Glaube usw., die ein Individuum, soziale Bewegung, Institution, Klasse oder große Gruppe leitet... sowie solch ein Komplex von Doktrin, Mythos, usw. mit Bezug auf irgendeinen politischen und sozialen Plan, wie z.B. Faschismus, mitsamt den Mitteln zu ihrer Durchsetzung." (Google Suche auf Englisch)*

Daten sind noch keine *Informationen*, aber dokumentierte Beobachtungen, Messungen oder Vermutungen mit bestimmten (subjektiven) Intentionen, die (digital) erfasst, verschlüsselt, vernetzt und mithilfe von Meta-Daten beschrieben, erklärt und getestet werden können. Informationen sind zwar auch kein „sicheres" *Wissen*, aber zu bestimmtem Zwecken (digital) gefilterte oder synthetisierte Daten, die zwar auch digital ermittelt, verschlüsselt, verdichtet, vernetzt und mithilfe von Meta-Informationen beschrieben, erklärt und getestet werden können, die Welt bzw. Umwelt aber nicht „automatisch" objektivwahr, transparent oder vertrauenswürdig machen. Wissen impliziert ebenfalls keine *Gewissheit*, repräsentiert aber kritisch getestete Informationen als rationale Überzeugungen von Menschen mit eigenen Interessen, (die auch nicht immer vertrauenswürdig sind); und *Weisheit* scheint das intelligenteste Gut im Überlebenskampf in der Welt aus globaler Sicht oder innerhalb einer bestimmten Umgebung (Umwelt) aus lokaler Sicht zu sein, aber kann sie wirklich aufklärerisch - anstatt von ideologisch! – durch die Gleichung ***internet + internet of things = wisdom of the earth*** adäquat beschrieben werden? - Vergleiche dazu die folgende Umschreibung:

Weisheit ist die Qualität oder Zustand, weise zu sein; Wissen, was wahr und richtig ist verbunden mit richtigem Ermessen in Bezug auf Handlung; Klugheit, kritisches Urteilsvermögen oder Verständnis.[1]

Es lohnt sich, die Situation als Erklärung-Rahmen für computer-gestützte Informationssysteme innerhalb eines Erkenntnisbereiches oder „Wirklichkeitsausschnitts" (Tetens) zu erklären und zu illustrieren. Wir können somit einen Daten-, Informations- und Wissenskontext erkenntnistheoretisch, kognitiv und technologisch unterscheiden und gleichzeitig in Beziehung zu einander zu setzen. (Vgl. Will, 2006)

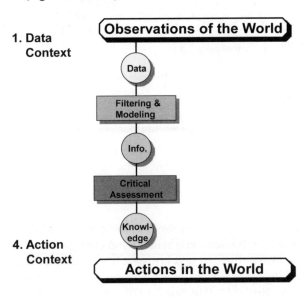

Abb. 1: Informationssystem-Rahmen

Wenn wir unser Verständnis der Welt auf digitales Kontrollieren (Monitoring), Kodieren, Verarbeiten und Darstellen von Daten und auf ihre algorithmische Manipulation beschränken, können wir im Netz unserer eigenen (digitalisierten) Mythen gefangen sein, ohne die Beziehungen zu Ethik, Privatsphäre, Realität, Sicherheit, Subjektivität, Transparenz, Vertrauen und Wahrheit zu sehen. Deshalb muss dieser Rahmen um seine Meta-Dimensionen erweitert werden, um *jenseits* der eigentlichen Beobachtungen, Daten, Informationen und unseres Wissens den jeweiligen Wirklichkeitsausschnitt überprüfbar beschreiben und erklären zu können, wie in Abb. 2 dargestellt.

---

[1]   Wisdom is the quality or state of being wise; knowledge of what is true or right coupled with just judgment as to action; sagacity, discernment, or insight. (Google reference)

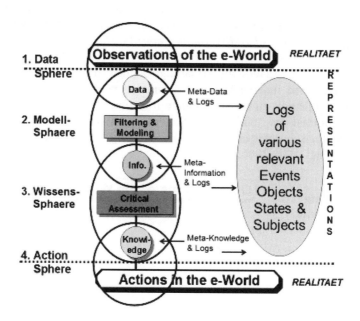

Abb. 2: Informationssystem Konzepte und Strukturen

Deswegen enthalten Logdateien Nachweise über die objektsprachliche Art der Daten-, Informations- und Wissensverarbeitung und ermöglichen *jenseits davon* metasprachliche Auswertungen und kritische Überprüfungen der jeweiligen Prozeduren und Prozesse: „Nicht in der Theorie, sondern erst in der Metatheorie erscheint die Realität." (Huebner, 1978: 71, zitiert in Tetens, 2013: 116.)

Als Wissenskomponenten können Daten also verschiedentlich analysiert, synthetisiert, verdichtet, vernetzt und „gemeinsam" (shared) benutzt werden. Die Hippie-Ideologie des „sharing everything without protection" scheint noch mitzuschwingen, wenn von *Big Data* naiv die Rede ist. Sie werden zwar auch als Wissenskomponenten in großen Mengen verstanden, sind aber bisher von einflussreichen Informationstechnokraten vornehmlich als vernetzte und zentralisierte Datenstrukturen zu den verschiedensten „gemeinnützigen" Erkenntniszwecken in den Händen von mächtigen Kontrollorganen beschrieben:

Die „big data" Herausforderung für Regierungsstellen und andere Institutionen in der Welt lautet: Wie können Spionage Agenturen, Militärabteilungen und Polizeiagenturen alle ihre Datenbasen in eine zentralisierte Struktur integrieren, so dass die richtigen Punkte miteinander verbunden werden können, ohne die Bürgerrechte auf eine Privatsphäre zu verletzen?[2] (Schmidt und Cohen, 2014: 174)

Was „die richtigen Punkte" sind, bleibt ungesagt, und ob der Schutz der Privatsphäre irgendeines Datensubjektes bisher allgemein zum Big-Data-Begriff und seinem Verständnis gehört, ist sehr fraglich, weil gerade Google viele persönliche Daten sammelt und für seine eigenen weltweiten Geschäftsinteressen verwendet. (Vgl. EU vs. GOOGLE) Deshalb sollten diese vernetzten und zentralisiert strukturierten Daten analytisch behandelt und auf ihre Kompatibilität mit, und ihre Relevanz zu der jeweiligen Problematik getestet werden, um Informationen von Desinformationen und falsche, illegale oder illegitime Schlussfolgerungen von wahren, legalen und legitimen Erkenntnissen unterscheiden zu können. Wenn wir erkenntnistheoretisch und ethisch keine Klarheit gewinnen und rechtlich weiterhin mehrdeutig bleiben, hilft uns auch die beste digitale Technologie wenig; im Gegenteil, es scheint weiterhin vornehmlich um kapitalistische und machtpolitische Interessen als Teil der Big-Data-Ideologie zu gehen, um „freie small data" in „eigene big data" zu verwandeln, die anschließend profitabel an und durch Datenmakler (data brokers) verkauft werden können:

Das Ziel von „Acxiom"[3] und anderen Datenmaklern ist die Versorgung von was alternativ „Verhaltenszielsetzung", „Vorhersagezielsetzung" oder „eigene Premiumerkenntnisse" über dich und dein Leben genannt wird. Auf gut Englisch [Deutsch] bedeutet das, dich mit extremer Genauigkeit zu verstehen, damit Datenmakler die von ihnen aggregierte Information zum höchsten Preisen an Werbende, Vermarkter und andere Firmen für ihre Entscheidungsziele verkaufen können. (Goodman, 2015:67)[4]

Sogar sonst kritische Beobachter scheinen dem Big-Data-Aberglauben mit Hoffnungen und naivem Glauben an eine bessere Welt verfallen zu sein:

Die Hoffnung, die mit Big Data verbunden ist, besteht darin, dass uralte komplexe Probleme quantifizierbar und so empirisch lösbar werden... Als Ergebnis von Big Data werden riesige wirtschaftliche Werte

---

[2]   This is the "big data" challenge that government bodies and other insitutions around the world are facing: How can intelligence agencies, military divisions and law enforcement intergrate all of their digital databases into a centralized structure so that the right dots can be connected without violating citizens'privacy? (Schmidt and Cohen, 2014: 174).

[3]   Anmerkung Herausgeber: Acxiom Deutschland GmbH ist eine Tochter der Acxiom Corporation mit Sitz in Little Rock, Arkansas (USA). Als Dienstleister für kundenfokussiertes Marketing unterstützt Acxiom Deutschland GmbH Unternehmen bei der Realisierung von Dialogmarketing und bei der raumbezogenen Marktbearbeitung. Vgl. Wikipedia.

[4]   The goal of Acxiom and other data brokers is to provide what is alternatively called "behavioral targeting", "predictive targeting" or "premium proprietary insights" on you and your life. In plain English this means understanding you with extreme precision so that data brokers can sell the information they aggregate at the highest price to advertisers, marketers, and other companies for their decision-making purposes. (Goodman, 2015: 67).

*über alle Branchen hinaus wie Handel, Transport, und Pharmazie rea-
lisiert, so dass das World Economic Forum Daten kürzlich als „das
neue Öl" getauft hat. (Goodman, 2015: 85)*[5]

Wir sprechen im Folgenden von einem bestimmten Kontext, wenn Daten auf
ihre Objektivität, Transparenz und eventuelles Vertrauen in sie beurteilt werden (sollen). Dabei ist sowohl analytisch als auch synthetisch vorzugehen,
weil Daten im Hinblick auf ihre Bestandteile und Vernetzungen (analytisch)
und im Hinblick auf ihre weitere Verwendung (synthetisch) immer kritisch zu
beurteilen sind. (Abb. 1 und 2). Wenn wir von Beobachtungen oder Messungen ausgehen, um Informationen und glaubwürdige Erkenntnisse (Wissen) zu
gewinnen, gehen wir synthetisch vor. Umgekehrt analysieren wir unser Wissen kritisch und testen es im Hinblick auf die zugrunde liegenden Daten sowohl inhaltlich als auch formal auf Glaubwürdigkeit, logisch zulässige Verknüpfungen, Relevanz, Schutz und Sicherheit sowie Vollständigkeit. – Dabei
gilt für die kritische Beschäftigung mit Daten gerade heute auch das neue
„Gesetz", erst kürzlich als Goodman's law formuliert:

*The more data you produce and store, the more organized crime is happy
to consume. (Je mehr Daten du produzierst und speicherst, desto mehr ist
die organisierte Kriminalität froh (sie) zu konsumieren).*[6]

Nicht nur quantentheoretisch gesehen sind Messungen „kausale Interventio-
nen" (Tetens, 2013: 76) von Beobachtern bzw. digital gesteuerten Monitoren.
Die zu den verschiedensten Zwecken gesammelten Daten (zunächst verstanden als *Small-Data*) sind von bestimmten Interessenlagen – Tetens spricht
allgemein von „apriorischen Erfahrungsrahmen" (Tetens, 2013: 84-85) - der
Beobachter oder der Programmierer bzw. ihrer Auftraggeber beeinflusst. Wo
bleiben dabei die Objektivität als objektbezogene Wahrheit und die Transparenz als durchschaubare, offenkundige und offensichtliche Tatsachen über
Daten-Objekte oder -Subjekte, wenn sie zwar durch die „digitale Brille" gesehen, aber nicht metasprachlich oder metatheoretisch reflektiert und kritisch
getestet werden können?

Wird jemand zum sich selbst bewussten Datensubjekt, wenn alle akustisch,
taktil oder visuell erfassbaren bzw. messbaren Verhaltensweisen in Bezug auf
sich selbst oder die jeweilige Umwelt „automatisch" und „objektiv" erfasst
werden, wie z.B. beim Benutzen des Internets zu den verschiedensten Zwecken von einem mobilen Telefon aus? Dabei kann sich ein Benutzer nicht
immer über die Identifikation seines geographischen Standpunktes im Klaren
oder sicher sein, dass das benutzte kryptographische System ihn auch wirklich

---

[5] The promise of big data is that long-standing complex problems become quantifiable and thus empirically
solvable... Across all industries, whether retail, transportation, or pharmaceuticals, there will be tremendous economic value realized as a result of big data, so much so that the World Economic Forum recently
dubbed it "the new oil". (Goodman, 2015: 85).

[6] Goodman, 2015: 86.

vor „Mitsurfern" schützt. Ob er sich „wahr" verhält, bleibt ihm überlassen; und ob er Vertrauen verdient, bleibt für uns als Datenbenutzer zu entscheiden. Personaldaten können also in großen Mengen anfallen. Somit besteht auch „automatisch" eine digitale Privatsphäre der Datenerfassungssubjekte, über deren persönlichen Freiheitsbezug und Schutzbedarf – beispielsweise in Form von Anonymisierung oder Verschlüsslung – sich nicht nur jeder Selbstbeobachter im Klaren sein sollte. Auch jeder Ermittler von Objekt- und Meta-Daten über Datenobjekte oder Datensubjekte sollte sie nicht nur auf Grund juristischer Vorschriften, sondern im Idealfalle schon aus ethischer Gesinnung respektieren. Die Praxis sieht leider anders aus, weil letztlich die erlaubte oder gewollte Objektivität und Transparenz der Welt im allgemeinen und die der jeweiligen Umwelt im besonderen (als „Wirklichkeitsausschnitte") von Technologen, Besitzern oder Kontrolleuren moderner Technologien bestimmt sind. Die automatische Erstellung von Daten – einschließlich solchen der bewussten und unbewussten Selbstbeobachtung oder auch der bewussten Fremdbeobachtung auf verschiedenen Abstraktionsebenen ist ein fest programmierter Teil eines Informationssystems und relativ unveränderlich auf der Stufe der jeweils programmierten Datenerfassung eines Wirklichkeitsausschnittes. Dabei müssen wir uns aber darüber klar sein, dass die Einsichten, Ergebnisse und Folgerungen „empirisch unterbestimmt" (vgl. Tetens, 2013: 74-75) sein können, d.h., dass andere Schlussfolgerungen möglich sind bzw. dass ungenügende Datentypen oder -mengen erfasst oder methodologisch unzulässig verwendet wurden. Es kommt also auf methodische Klarheit an.

Was „bloß automatisch" gesammelt und gespeichert wird, ist insbesondere auf den nächsten Stufen der Informations- und Wissensermittlung wiederum Benutzerabhängig. Damit ergeben sich nicht nur Fragen zur Objektivität der Daten und zum emotionalen Vertrauen (Trust) von Datenerfassungssubjekten zu Datenerfassern und Datenbenutzern. Auch rationale Überzeugung (Confidence) von ihrer Richtigkeit und Wahrheit, bzw. Bedeutung und Berechtigung, sind Kriterien für die jeweiligen Benutzer. Deswegen sollte man zwischen Objekt- und Metadaten dergestalt unterscheiden, dass eine bei der Datenermittlung in einer Objektsprache ausgedrückte Zeichenfolge auch bei verschiedenartiger Datenbenutzung verständlich bleibt und metasprachlich sowohl analytisch als auch synthetisch überprüfbar ist, ob die Wirklichkeit mit der beschriebenen Erfahrungswelt übereinstimmt.

Dabei ist zu beachten, dass jedes Informationssystem (wie z. B. die Finanz-Buchhaltung) eine bestimmte Erfahrungswelt und die passenden (evtl. gesetzlich erlaubten oder vorgeschriebenen) Daten nicht nur richtig, vollständig und wahr beschreibt, sondern sie auch mit transparenten Algorithmen oder Verfahren sammelt und verwaltet. Solange den gesetzlichen oder konventionellen Erfordernissen auf solche Weise Genüge getan wird, einschließlich einer jederzeit möglichen Überprüfung, brauchen sich moderne Methoden nicht nach traditionellen oder gar manuellen Verfahren zu richten. Schließlich sind auf

Grund der vorhandenen Speicher- und Vernetzungstechnologien aus *Small-Data* Beständen inzwischen integrierte, vernetzte und zentralisierte *Big Data* Bestände geworden – allerdings weitgehend intransparent, weil die entsprechenden Metadaten fehlen.

Daten können nicht nur neue Erkenntnisse sondern auch Risiken bergen und sollten deswegen als zu schützende Güter innerhalb einer modernen (digitalen) *Datenwirtschaft* gelten. Schließlich sind große Mengen von Kapital in die moderne Datenverwaltung (technologisch) und Datenadministration (organisatorisch) investiert worden. Kaeser (NZZ vom 10.1. 2015) spricht ketzerisch von einer „Dreifaltigkeit von Datenmengen, Algorithmen und Risikokapital" in seinem kritischen Artikel „Wissenschaft im Größenwahn." Wir sollten deswegen die Notwendigkeit einer *Daten-Governance* ernsthaft diskutieren, die sich entsprechend formulieren lässt (Jing-Shiuan Hua, 2013). Dabei ist außerdem zu berücksichtigen, dass Daten heute „für ewig" gespeichert sein können oder sind, solange die verschiedenen Technologien langfristig kompatibel bleiben, und somit auch Verjährungen anders gedeutet werden können. Es ist deshalb sinnvoll, jede Art von Daten aus syntaktischer, semantischer und pragmatischer Sicht zu betrachten, weil wir sie auf diese Weise gemeinhin als semiotische *Zeichen* beurteilen und verstehen können. Somit lassen sie sich voneinander im Hinblick auf die zur Abbildung verwendeten Symbole (syntaktisch), im Hinblick auf ihre sprachliche Bedeutung (semantisch), und im Hinblick auf ihre Nützlichkeit im jeweiligen Kontext (pragmatisch) unterscheiden. Dabei ergeben sich verschiedene Wahrheitsperspektiven, die im Hinblick auf die Objektivität und den Abstraktionsgrad der Daten unterschieden werden sollten. Mit anderen Worten, Daten sind semiotisch aus sechs Perspektiven zu betrachten, weil syntaktische Korrektheit keine semantische Wahrheit und semantische Richtigkeit keine pragmatische Wahrheit garantiert und die Sichtweisen ihrer Ermittler und ihrer Benutzer unterschiedlich oder sogar konträr sein können (Abb. 3).

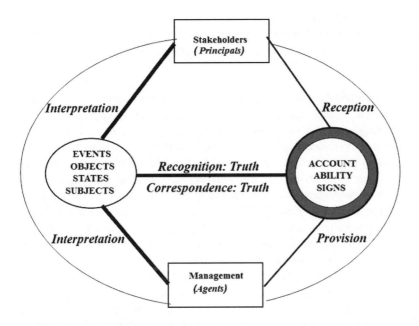

Abb. 3: Doppel-Semiotische Perspektive

So können persönliche (Selbst-)Beobachtungen innerhalb einer Privatsphäre oder Geständnisse krimineller Handlungen, die in privaten Dateien oder Dokumenten – u.U. sogar in der „Wolke" [the cloud] - gespeichert sind, den Datenerstellern „bis in alle Ewigkeit zum Verhängnis" werden, wenn sie entziffert oder sonst wie unkontrollierbar, unkontrolliert oder ungesetzlich vernetzt und bekannt werden. - Allerdings ist schon die Kenntnis der geographischen Position eines telefonierenden Menschen (selbst wenn das Telefon abgeschaltet ist) zu praktisch jedem Zeitpunkt insbesondere dann, wenn auch noch die Gesprächsinhalte digital erfasst und gespeichert und anschließend in Beziehung zu anderen Daten und Metadaten gebracht werden können, ein persönliches Sicherheitsrisiko. Das sind so manchem „Terroristen" auf Grund algorithmischer Big-Data-Analysen zum Verhängnis geworden. Nicht nur bei der sogenannten Terroristenbekämpfung sollten syntaktische, semantische und pragmatische Analysen unterschieden werden. Die Ergebnisse können zwar syntaktisch korrekt, aber semantisch falsch sein, wenn semantische Selektionskriterien (Suchbegriffe) wie z.B. „terrorverdächtig" oder „patentfähig" ungenau oder mehrdeutig definiert sind und deswegen pragmatisch (z.B. zur Wirtschaftsspionage) missbraucht werden. Die gegenwärtige Diskussion über die von den Geheimdiensten benutzten Suchbegriffe ist deswegen Aufklärungsarbeit im wahrsten Sinne des Wortes.

Damit ist *Datenanalyse* aus ethischer, methodologischer, praktischer und technologischer Sicht zum wichtigen Thema geworden, weil wir im Quicksand der bereits vorhandenen und immer häufiger und länger gespeicherten Daten intellektuell zu ersticken drohen, wenn wir darin keinen erkenntnistheoretischen, legalen oder moralischen Halt für unser Wissen und Handeln finden und wesentliche Unterscheidungen übersehen oder unterlassen.

> *Wissen der Naturgesetze, die nicht verletzt und nicht geändert werden können, haben voraussagenden Vorrang vor Wissen von relativen Häufigkeiten aus der Vergangenheit. Wenn wir Kenntnis von Propensitäten [„Verwirklichungstendenzen" von Popper als physikalische Realitäten aufgefasst (Popper 1994:224)]im Einzelfall besitzen, dann sollten sie deshalb die Werte entsprechender Überzeugungsgrade für Schlussfolgerung und Entscheidung bestimmen. Wenn Kenntnis von Propensitäten in Einzelfall jedoch nicht vorhanden ist, dann sollten die Überzeugungsgrade durch Überzeugungen von relativen Häufigkeiten bestimmt werden. In Fällen, wenn jedoch weder Wissen von Propensitäten im Einzelfall noch von relativen Häufigkeiten vorhanden ist, dann hängen Entscheidungen von hypothetischem Denken oder von informierten Schätzungen ab, sodass es darauf hinausläuft, dass rationales Handeln von rationaler Überzeugung abgekoppelt wird. Handlungen unter solchen Bedingungen sind nicht nur äußerst riskant, sondern abhängig von psychologischen und ideologischen Einflüssen.[7]*

Trotz dieser überzeugenden Kategorisierung unseres Wissens sind gemeinhin weder Datenanalysen noch Datensynthesen bisher klar und verständlich genug beschrieben oder gar definiert, wie einige Beispiele aus der englischsprachigen Wikipedia zeigen:

> *Datenanalyse ist ein Prozess der Besichtigung, Säuberung, Transformation und Modellierung von Daten mit dem Ziel, nützliche Informationen zu entdecken, Schlussfolgerungen zu ermitteln, und Entscheidungen zu unterstützen. Datenanalyse hat vielfältige Facetten und Ansätze, die diverse Techniken mit unterschiedlichen Namen in verschiedenen Bereichen von Wirtschaft, Naturwissenschaft und Sozialwissenschaft.[8]*

---

[7]   Knowledge of laws of nature which cannot be violated and cannot be changed, takes predictive primacy over knowledge of relative frequencies that have obtained in the past. When we possess knowledge of single-case propensities, therefore, they ought to determine the values of corresponding degrees of belief for inference and decision. When knowledge of single-case propensities is unavailable, however, then degrees of belief should be determined by beliefs about corresponding relative frequencies. In cases where neither knowledge of single-case propensities nor knowledge of relative frequencies happens to be available, however, then decision making depends upon hypothetical reasoning or educated guesswork, where rationality of action tends to be decoupled from rationality of belief. Actions under conditions of this kind are not only extremely risky but are subject to the influence of psychology and ideology. (Eells and Fetzer, 2010: xxxiii).

[8]   **Analysis of data** is a process of inspecting, cleaning, transforming, and modeling data with the goal of discovering useful information, suggesting conclusions, and supporting decision-making. Data analysis has multiple facets and approaches, encompassing diverse techniques under a variety of names, in different business, science, and social science domains. (Wikipedia).

Offensichtlich sind hier verschiedene Denkkategorien und -Methoden angesprochen, die wir auseinanderhalten sollten, wenn wir Klarheit über die Bausteine und die Verfahren zur Erlangung unseres Wissens erhalten wollen. - Dabei ist allerdings einige Gedankenarbeit zu leisten:

Wissenschaftliche Geistesgewohnheiten und Muster für Schlussfolgerungen sollten in die öffentliche Sphäre des Tagesgeschehens gebracht werden, wo sie unermesslich zur erfolgreichen Lösung schwieriger Probleme beitragen können. Während Abduktivismus[9] die wichtigsten Einwendungen gegen seine deduktivistischen Alternativen zu überkommen scheint, besonders durch Unterstützung von Lösungen von Akzeptanzproblemen, sind die Vorteile von Deduktivismus[10] über Induktivismus[11] profund. Poppers Vorstellungen von Naturgesetzen und von Wahrscheinlichkeiten als Propensitäten scheinen unerlässlich für eine adäquate Beschreibung von Wissenschaft. Bekräftigung (corroboration) ist weit besser als Bestätigung (confirmation).[12]

---

[9] Abductivism is "the view that scientific inquiries can only be successfully conducted by relying upon abductive principles of reasoning, especially the principle of inference to the best explanation. The abductivism model of science characterizes it as a process of puzzlement, speculation, adaptation, and explanation." (Fetzer and Almeder, 1993: 1-2) – Inference to the best explanation "involves selecting one member from a set of alternative hypotheses as the alternative providing the best explanation of the available evidence. Hypotheses that explain more of the available relevant evidence are preferable to those that explain less. Those that are preferable when sufficient relevant evidence happens to be available are also acceptable. Hypotheses that are incompatible with the evidence are rejected as false. Hypotheses may be false even when they are acceptable, which makes inference of this kind fallible, but they remain the most rational among the alternatives under consideration. A difficulty that confronts inference of this kind is ensuring that every relevant alternative receives consideration. Other criteria that may affect abduction include relative degrees of simplicity and testability." (Fetzer and Almeder, 1993: 1).

[10] Deductivism is "the view that scientific inquiries can be successfully conducted by relying exclusively upon deductive principles of reasoning. The deductive model of science characterizes it as a process of conjecture, derivation, experimentation, and elimination where the basic principle of reasoning is deduction by modus tollens." (Fetzer and Almeder, 1993: 34) – Modus tollens is a "deductive principle of inference that permits the derivation of a conclusion of the form "not-p" from premises of the form "If p then q" and "not-q." Given "if p then q" and "not-q" infer"not-p."" (Fetzer and Almeder, 1993: 96).

[11] Inductivism is "the view that scientific inquiries can only be successfully conducted by relying on inductive principles of reasoning, especially the principle of induction by enumeration. The inductivist model of science characterizes it as a process of observation, classification, generalization, and prediction." (Fetzer and Almeder, 193: 68). – Induction by enumeration, also known as straight rule, is a "rule of this form: if m/n observed As have been Bs, then infer (inductively) that m/n are Bs, provided that a suitable number of As have been observed under a suitable variety of conditions. Because the inference depends on observing a sample within a population, it appears to be restricted in application to properties that are observable. Moreover, it may or may not be sufficient to warrant inferences to laws." (Fetzer and Almeder, 1993: 67).

[12] Scientific habits of mind and patterns of inference should be carried into the public sphere of daily life, where they can contribute immeasurably to the successful resolution of difficult problems. While abductivism (FN 9) seems to overcome the most important objections to its deductivist alternatives, especially by supporting solutions to problems of acceptance, the advantages of deductivism (FN 10) over inductivism (FN 11) are profound. Popperian conceptions of laws of nature and of probabilities as propensities (FN 7) appear to be indispensable to an adequate account of science. Corroboration is vastly superior to confirmation.
While inductivism can account for inferences from samples to populations and deductivism can account for inferences from the observed to the unobserved, only abductivism can account for inferences from the past to the future. The pragmatic vindication of the straight rule (FN9) cannot be sustained, because there is no reason to believe that the world history will go on forever. And, even if it did, we could never know that the relative frequencies we observe are even roughly close to the values of the limits we infer. The solution to the problem of induction must be based upon an ontic conception of randomness.

Weil kritische Wissens- und Gewissheitsanalysen davon abhängen, kann vorherige Datenintegration zu den verschiedensten Zwecken eine Voraussetzung für kritische Datenanalysen sein. Es kommt aber wiederum auf konzeptionelle Klarheit an:

Datenintegration ist ein Vorläufer zur Datenanalyse, und Datenanalyse ist eng verbunden mit Datenvergegenwärtigung und Datenverteilung. Der Begriff Datenanalyse wird manchmal als Synonym für Datenmodellierung benutzt.[13]

Bekanntlich handelt es sich bei der Datenmodellierung um verschiedene Methoden, Daten zu strukturieren, z.B. als flachen, hierarchische, vernetzte oder relationale Dateien. Deswegen sollte man klar zwischen Datenanalyse und Datensynthese unterscheiden, je nachdem, wo oder wohin man sich im Informationsspektrum bewegt (Vgl. Abb. 1 und 2).

Das folgende Zitat zum Thema Datenanalyse verstärkt den bisherigen methodologisch unbefriedigenden Eindruck noch mehr, weil verschiedene Erkenntniskategorien durcheinander gewürfelt bzw. subsummiert werden:

Datenschürfen (data mining) ist eine besondere Datenanalysemethode, die auf Modellierung und Entdecken von Wissen für vorhersagende anstatt für rein beschreibende Zwecke fokussiert ist. Geschäftsintelligenz (Business intelligence) deckt Datenanalyse ab, die sich stark auf Aggregation verlässt und Geschäftsinformation im Fokus hat. Im Hinblick auf statistische Anwendungen unterscheiden manche Leute Datenanalyse als beschreibende Statistik, erforschende Datenanalyse (exploratory data analysis – EDA) und bestätigende Datenanalyse (confirmatory data analysis – CDA). EDA ist auf die Entdeckung von neuen Charakteristika in den Daten fokussiert, und CDA auf die Bestätigung oder Falsifizierung bestehender Hypothesen. Erforschende Methoden (predictive analytics) sind auf die Anwendung statistischer Methoden für Voraussagen konzentriert, während Textanalysemethoden (Text Analytics) statistische, linguistische und strukturelle Techniken anwenden, um Informationen aus Textquellen,

---

What the single-case propensity account ultimately supplies is an account of natural laws that applies whether the history of the world is short or long. Even if the world is as we believe it to be with respect to the laws of nature, it remains logically possible that the future might not resemble the past in those very respects, but if the world is as we believe it to be with regard to natural laws, it is not physically possible that the world might not resemble the past in those same respects, which appears to be the strongest solution to the problem of induction that empirical procedures are able to provide. (Fetzer, 2010, p. 349-350 – Footnotes added for explanatory purposes).

[13] Data integration is a precursor to data analysis, and data analysis is closely linked to data visualization and data dissemination. The term data analysis is sometimes used as a synonym for data modeling. (Wikipedia).

einer Spezies unstrukturierter Daten, zu extrahieren und zu klassifizieren. Alle sind Varianten von Datenanalyse.[14]

Die „moderne" Definition von *Analytics* im englischen Sprachgebrauch weist ebenfalls auf die bereits hervorgehobene technologische Fixierung hin, obwohl Daten-, Wissens- und Gewissheitsanalysen vornehmlich spezielle erkenntnistheoretische Fragen beantworten sollten:

Analytics ist die Entdeckung und Kommunikation von bedeutsamen Mustern in Daten. Besonders wertvoll in Bereichen reich an aufgezeichneten Informationen verlässt sich Analytics auf die gleichzeitige Anwendung von Statistik, Computerprogrammierung und Operations Research um Leistung zu quantifizieren. Analytics bevorzugt oft Datenveranschaulichung um Erkenntnisse zu kommunizieren.[15]

Ohne intelligente Fragen lassen sich kaum intelligente Antworten finden. Aufklärerisch ausgedrückt: Ohne Gedankenfreiheit, freien Datenzugriff, algorithmische Transparenz und Prüfbarkeit von Daten sind Informationen unglaubwürdig. Big Data" an sich besagen oder garantieren überhaupt nichts! - So sagte bereits Einstein: „Wir können Probleme nicht mit derselben Denkweise lösen, die wir benutzten, als wir sie schufen."[16]

Hinter jedem Datum steht letztlich mindestens eine Hypothese, d.h. „Beobachtungsaussagen sind theoriegeladen" (Tetens, 2013: 65). Das Auffinden von bedeutsamen Mustern in den vorhandenen Daten ist zwar oft erst informationstechnologisch möglich, aber ohne methodologische Fundierung und rationale Zielausrichtung bleibt es „Digitalmassage" (bit fiddling) oder ein

---

[14] Data mining is a particular data analysis technique that focuses on modeling and knowledge discovery for predictive rather than purely descriptive purposes. Business intelligence covers data analysis that relies heavily on aggregation, focusing on business information. In statistical applications, some people divide data analysis into descriptive statistics, exploratory data analysis (EDA), and confirmatory data analysis (CDA). EDA focuses on discovering new features in the data and CDA on confirming or falsifying existing hypotheses. Predictive analytics focuses on application of statistical models for predictive forecasting or classification, while text analytics applies statistical, linguistic, and structural techniques to extract and classify information from textual sources, a species of unstructured data. All are varieties of data analysis. (Wikipedia).

[15] Analytics is the discovery and communication of meaningful patterns in data. Especially valuable in areas rich with recorded information, analytics relies on the simultaneous application of statistics, computer programming and operations research to quantify performance. Analytics often favors data visualization to communicate insight. (Wikipedia).

[16] We can't solve problems by using the same kind of thinking we used when we created them. (Zitiert von Goodman, 2015: 377).

Sammelsurium von technologischen Anwendungsbereichen und -methoden.[17] (Vgl. dazu auch Tetens sowie Einstein im Motto).

Die „Big Data" Thematik hat also verschiedene Dimensionen, die nicht in Isolation voneinander betrachtet werden sollten, weil und solange es hier um Objektivität, Transparenz und Vertrauen geht.

---

[17] Firms may commonly apply analytics to business data, to describe, predict, and improve business performance. Specifically, areas within analytics include predictive analytics, enterprise decision management, retail analytics, store assortment and stock-keeping unit optimization, marketing optimization and marketing mix modeling, web analytics, sales force sizing and optimization, price and promotion modeling, predictive science, credit risk analysis, and fraud analytics. Since analytics can require extensive computation (see big data), the algorithms and software used for analytics harness the most current methods in computer science, statistics, and mathematics. (Wikipedia).

3 Daten und Big Data

Daten sind allgemein als semiotische Zeichen zu verstehen, die Beobachtungen oder Messungen auf Grund von Hypothesen oder Vermutungen wie in Abb. 4 illustriert.

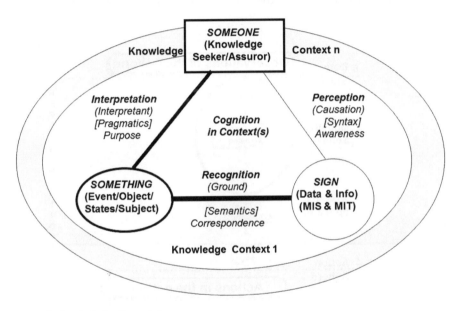

Abb. 4: Die Semiotische Perspektive

Damit sind ihre Wirkungen als Erkenntnisse (Wahrnehmung, Korrespondenz und Zweck), ihre Benutzung (Wahrnehmung, Erkenntnis und Interpretation) sowie ihre semiotische Bedeutung (Ursache, Fundierung und zu interpretierendes Zeichen) beschrieben (vgl. Fetzer 1990: 29-60): Daten sind syntaktisch mithilfe von Sprachsymbolen ausgedrückt, haben semantische Bedeutung in der Sprache, die von allen kompetenten Benutzern verstanden wird, und dienen darüber hinaus den pragmatischen Zielen ihrer Ersteller und Benutzer, wobei die Zwecke beider konträr sein können. Daher ist es wichtig, die wahre Bedeutung von Daten aus der Sichtweise von Erstellern sowie von Benutzern zu verstehen wie in Abb. 3 dargestellt, und ob sie privat und geschützt oder öffentlich und technisch zugänglich, aber ungeschützt sind. Syntaktisch korrekte Ausdrücke können verschiedene Bedeutungen haben und deshalb semantisch ambivalent oder im schlimmsten Falle falsch sein. Ebenso können

27

syntaktisch und semantisch korrekte Ausdrucke sowohl für legale oder legitime als auch für illegale oder illegitime Zwecke benutzt werden, also pragmatisch ambivalent oder irreführend sein.

Um digitale *small data* beschreiben und verarbeiten zu können, sind verschiedene Datenmodelle wie lineare Listen, hierarchische und vernetzte Strukturen, sowie Relationen geschaffen worden, die sämtlich von moderner Prüfsoftware gelesen und mit ihr überprüft werden können (s. ACL.com). Neue Methoden erlauben nun weitere Verdichtungen, Vernetzungen und Zentralisierungen als sogenannte *big data*, jedoch sind ihre Transparenz und Prüfbarkeit dabei vernachlässigt worden, wie in Abb. 5 im Vergleich mit Abb. 2 illustriert:

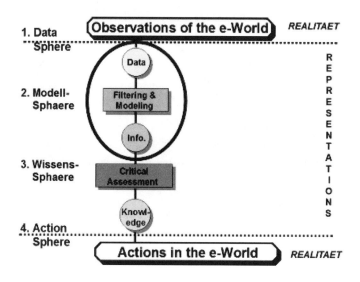

Abb. 5: Die Big-Data-Sphäre

Big Data wird zwar gemeinhin als große Mengen von integrierten, vernetzten oder zentral strukturierten „*Small-Data*" verstanden, ist aber bisher vornehmlich informationstechnologisch als schwierige (undurchsichtige) „algorithmische Anwendung von Daten" anstatt erkenntnistheoretisch als „kritischer Test von Hypothesen, Modellen oder Theorien an Hand von Daten" definiert worden:

Big data ist eine große Menge von unstrukturierten Daten, die nicht von Data Base Management Systemen (DBMS), relationalen DBMS oder objekt-relationalen ORDBMS bewältigt werden.[18]

Entsprechend ist auch eine andere Definition von Big Data an der bisherigen Small-Data-Technologie orientiert, ohne dass damit eine strukturelle Erklärung gegeben ist, die für kritische Analysen und Prüfungen notwendig wäre:

Big data ist ein allumfassender Begriff für jede Kollektion von Datensätzen, die so groß und komplex sind, dass es schwierig wird, sie mit traditionellen Datenverarbeitungsanwendungen zu bearbeiten.
Die Herausforderungen schließen Analyse, Erfassung, Behandlung, Suche, Beteiligung, Speicherung, Übertragung, Darstellung und Verletzungen der Privatsphäre ein. Der Trend zu größeren Datensätzen ist der zusätzlichen Information zuzuschreiben, die sich aus der Analyse einer einzelnen großen Menge verwandter Daten ableiten lässt im Vergleich zu separaten kleineren Sätzen mit derselben Menge an Daten, die es erlauben, Korrelationen zu finden, um Geschäftstrends zu erkennen, Krankheiten zu vermeiden, Kriminalität zu bekämpfen, usw. (Wikipedia – Fußnoten ausgelassen)[19]

Bekanntlich sind Korrelationen keine Kausalitäten. Ebenso wenig sind von Daten abgeleitete (oder errechnete) Informationen ohne kritische Beurteilung kein glaubenswürdiges Wissen auf Grund dessen man mit Überzeugung handeln könnte. Wenn wir im Kontext von *Big Data* nach erhöhter Objektivität, Transparenz und Vertrauen fragen, sind vor allem erkenntnistheoretische Erklärungen notwendig, auf die wir in späteren Abschnitten weiter eingehen werden. Es bleibt auch zu fragen, ob und inwiefern die folgende Definition von *Big Data* berechtigt ist:

Big data sind große Massen, sehr schnelle und/oder sehr vielfältige Informationsaktiva, die neue Verarbeitungsmethoden erfordern, um erhöhtes Entscheiden, Entdecken von Erkenntnissen und Prozessoptimierung zu ermöglichen. (Gartner). Zusätzlich ist ein neues Zeichen W „Wahrheit"

---

[18] Big data is a large volume of unstructured data which cannot be handled by standard database management systems like DBMS, RDBMS, or ORDBMS.) (Wikipedia).

[19] Big data is an all-encompassing term for any collection of data sets so large and complex that it becomes difficult to process using traditional data processing applications. The challenges include analysis, capture, curation, search, sharing, storage, transfer, visualization, and privacy violations. The trend to larger data sets is due to the additional information derivable from analysis of a single large set of related data, as compared to separate smaller sets with the same total amount of data, allowing correlations to be found to "spot business trends, prevent diseases, combat crime and so on." (Wikipedia – Footnotes omitted).

von einigen Organisationen hinzugefügt worden, um sie zu beschreiben. (Wikipedia – Fußnoten eliminiert)[20]

Wenn *Big Data* lediglich informationstechnologisch als Informationsaktiva in großer Menge, mit großer Geschwindigkeit und/oder in großer Vielfalt erklärt wird, damit aber erkenntnistheoretische Fragen wie „erweitertes Entscheiden", „Entdeckung von Erkenntnissen" und neuerdings auch „Wahrheit" beantwortet werden sollen, bedarf es gründlicherer, tieferer und weiterer Überlegungen.

Der beinahe mystisch anmutende Versuch, *Big Data* und „Business Intelligence" im Hinblick auf statistische Mythologie zu unterscheiden, steht auch auf schwachen Füssen, weil damit zwei unterschiedliche Kategorien angesprochen werden und Kategorienfehler erkenntnistheoretisch unzulässig sind. Selbst beschreibende statistische Methoden (Deskriptive Statistik) sind induktiv und ermitteln als solche keine absoluten Naturgesetze (natural laws), obwohl indeterminierte Naturgesetze statistisch beschrieben werden können. (Vgl. dazu Popper 1994: 216-226).

Wenn Gartners Definition (die 3 Vs) noch immer weitgehend benutzt wird, nährt die wachsende Reife des Konzeptes eine gesündere Unterscheidung zwischen Big Data und Geschäftsintelligenz bezüglich Daten und ihrer Benutzung:

- Geschäftsintelligenz benutzt beschreibende Statistik mit Daten mit hoher Informationsdichte, um Dinge zu messen, Trends zu entdecken, usw.
- Big Data benutzt Induktive Statistik und Konzepte von nichtlinearen Systemidentifikationen, um Gesetze (Regressionen, nichtlineare Beziehungen und kausale Effekte) aus großen Daransetzen mit geringer Informationsdichte abzuleiten, um Beziehungen [und] Abhängigkeiten aufzudecken und Voraussagen von Ergebnissen und Verhaltensweisen zu machen. (Wikipedia – Fußnoten eliminiert).[21]

Wenn wir uns wirklich um ein grundlegendes Verständnis von Big Data bemühen wollen, müssen wir einige zentrale Fragen beantworten:

---

[20] "Big data is high volume, high velocity, and/or high variety information assets that require new forms of processing to enable enhanced decision making, insight discovery and process optimization." (Gartner) Additionally, a new V "Veracity" is added by some organizations to describe it. (Wikipedia – Footnotes omitted).

[21] If Gartner's definition (the 3 Vs) is still widely used, the growing maturity of the concept fosters a more sound difference between big data and Business Intelligence, regarding data and their use:
Business Intelligence uses descriptive statistics with data with high information density to measure things, detect trends etc.;
inductive statistics.
Big data uses and concepts from nonlinear system identification to infer laws (regressions, nonlinear relationships, and causal effects) from large sets of data with low information density to reveal relationships, dependencies and perform predictions of outcomes and behaviors. (Wikipedia – Footnotes omitted).

- Was ist der apriorische Erfahrungsrahmen[22] oder der kulturelle Kontext des objektivrealen Problems, das zu lösen ist, oder der Hypothese, Theorie bzw. Vermutung, die mithilfe von Daten kritisch geprüft werden soll, ehe sie als Grundlage von Handlungen oder Überzeugungen benutzt werden kann? (Primat von Problemen gegenüber Daten?)
- Wer und was ist mit den Daten beschrieben: lebendige Subjekte oder leblose Objekte – und was sind die damit verbundenen Pflichten und Rechte?
- Welche Attribute von Datensubjekten oder -Objekten sind beobachtet, gemessen, gespeichert und überwacht - bei wem, wann, warum und wie?
- Wie sind diese Daten strukturiert und können diese Strukturen standardisiert und für Zwecke der Prüfung, Sicherheit und Transparenz normiert werden?
- Wem gehören die Daten (Eigentumsrechte)?
- Wer benutzt die Daten für welche Zwecke wann, warum, wie und wo (Benutzerrechte)?
- Wie sind die Daten gegen Missbrauch und illegalen Zugriff geschützt?
- Gibt es (normierte) Rechte und Verpflichtungen, um Eigentümer, Benutzer und Prüfer zu leiten und zu schützen?

Während die Big-Data-Ideologen und -Kontrolleure alle möglichen Daten zu ihren Vorteilen sammeln, speichern und verarbeiten (wollen), ohne die damit zu lösenden Probleme offen anzusprechen oder uns gar Scheinprobleme vorzuspielen versuchen, konzentrieren sich echte Wissenschaftler primär auf das Lösen bestimmter Probleme und das kritische Testen von Hypothesen, Theorien oder Vermutungen mithilfe vorhandener oder neuer Datenmengen. Mit anderen Worten: Daten sind sekundär, auch wenn Massendaten (Big Data) mit neuartigen Algorithmen schneller und komplexer zu Problemlösungen ausgewertet werden können, solange sie eindeutig beschrieben und wahr sind. Überraschend ist jedenfalls, dass auch ein so kritischer Beobachter der IT-Szene wie Marc Goodman sich fast fromm auf Big Data bezieht, ohne sie selbst zu definieren:

Das Versprechen von big data ist, dass lang andauernde komplexe Probleme quantifizierbar und daher empirisch lösbar werden... Als Ergebnis von big data wird gewaltiger wirtschaftlicher Wert quer durch alle Industrien, ob Einzelhandel, Transport oder Pharma, realisiert, und zwar so, dass das World Economic Forum sie kürzlich als „das neue Öl" bezeichnete. (Goodman, 2015: 85)[23]

---

[22] „Ein apriorischer Rahmen, der den aspektorischen Charakter der Wirklichkeit nicht in den Blick bekommt, verpasst jedenfalls etwas an der Wirklichkeit" (Tetens, 2013: 90). – Beispielsweise müsste man die unterschiedlichen Aspekte und Probleme amerikanischen, arabischen, chinesischen, deutschen, englischen, französischen oder japanischen Geschäfts- oder Wirtschaftsgebarens und -rechts im Auge behalten.

[23] The promise of big data is that long-standing complex problems become quantifiable and thus empirically solvable... Across all industries, whether retail, transportation, or pharmaceuticals, there will be tremendous economic value realized as a result of big data, so much so that the World Economic Forum recently dubbed it "the new oil". (Goodman, 2015: 85).

Da wir mehr Unterschiede als Gemeinsamkeiten zwischen undefinierten Big Data und raffiniertem Erdöl erkennen können, scheint die Analogie nicht zu stimmen, es sei denn beide sind als auszubeutende Ressourcen von jenen angesehen, die sie besitzen und im kapitalistischen Sinne „auswerten" können. Eine der größten Schwierigkeiten ist der Mangel an Kontrolle über Datensammler wie z.B. Facebook, Google, Twitter und Yahoo und anschließend von ihnen „belieferte" Datenmakler.

Heutige moderne Datenmakler sind, anders als Kreditüberwachungsagenturen, fast total unreguliert durch die Regierung. Es gibt keine Gesetze wie den Fair Credit Reporting Act, die von ihnen verlangen, die Privatsphäre der Konsumenten zu sichern, sachliche Irrtümer zu korrigieren, oder selbst zu offenbaren welche Information von dir und deiner Familie in ihren Systemen enthalten ist. (Goodman, 2015: 68)[24]

Ebenso wie Daten im allgemeinen (*small data*) nur durch ausreichende syntaktisch, semantisch und pragmatisch eindeutige Metadaten verständlich sind, wären *Big Data* auch nur durch ausreichende *Big-Data-Meta-Data* zu erklären. Sie haben nicht nur informationstechnologische und statistische, sondern vielmehr erkenntnistheoretische Bedeutung und würden somit für die notwendige Klarheit im Hinblick auf Objektivität, Wahrheit, Transparenz, Vertrauen und Prüfbarkeit unserer modernsten Informationssysteme sorgen. Allerdings fehlen bisher ebenso eindeutige Big-Data-Meta-Daten wie entsprechende Log-Dateien über ihre Anwendung(en), wie in Abb. 5 im Vergleich zu Abb. 2 illustriert. Wie soll nun etwa „erhöhte Objektivität" ermittelt, getestet und bestätigt werden, wenn Daten anstatt Probleme im Mittelpunkt des kritischen Interesses stehen?

---

[24] Today's modern data brokers, unlike credit reporting agencies, are almost entirely unregulated by the government. There are no laws, such as the Fair Credit Reporting Act, that require them to safeguard a consumer's privacy, correct any factual errors, or even reveal what information is contained within their systems on you and your family. (Goodman 2015: 68).

4 Objektivität

Objektivität ist wie folgt definiert worden:

__Objektivität__ ist ein zentrales philosophisches Konzept [und] verwandt mit Realität und Wahrheit... Allgemein bedeutet Objektivität den Zustand oder die Qualität, wahr zu sein, selbst außerhalb der individuellen Voreingenommenheit, Interpretationen, Gefühle und Vorstellungen eines Subjektes. Ein Satz wird gemeinhin als objektiv wahr angesehen (besitzt objektive Wahrheit), wenn seine Wahrheitsbedingungen zutreffen und unvoreingenommen sind; d.h., ohne Voreingenommenheit, die durch Gefühle, Ideen, usw. eines empfindungsfähigen Subjektes existieren. (Wikipedia – Fußnoten eliminiert).[25]

Aus der Sicht von Beobachtern und Datenermittlern mit ihren jeweiligen apriorischen Erfahrungsrahmen ist zu fragen, ob und inwieweit sich die Welt im allgemeinen und die Umwelt im besonderen überhaupt „bias-free" darstellen lässt, wenn hinter jedem Datum praktisch eine kulturell und subjektiv formulierte Frage oder Hypothese steckt, die von einem Programmierer im Auftrag von selbsternannten oder „offiziellen" Informationsadministratoren kodiert und verwaltet ist. Die dabei verwendete Sprache wird zum objektivierenden Mittel der Datenaussagen (als Behauptungen, Hypothesen, Messungen, oder Vermutungen), die sich kritisch auf ihren Wahrheitsgehalt untersuchen und eventuell falsifizieren lassen.

Eine zweite, breitere Bedeutung des Begriffes [Objektivität] bezieht sich auf die Fähigkeit in irgendeinem Kontext fair, ohne Voreingenommenheit oder externen Einfluss zu urteilen (s. journalistische Objektivität); diese zweite Bedeutung von Objektivität wird manchmal synonym mit Neutralität gebraucht. (Wikipedia).[26]

Daten sind also zunächst als syntaktische und semantische Beschreibungen objektiv existenter oder vermuteter Realität im jeweiligen Kontext aus der Sichtweise eines Beobachters bzw. seiner Erfahrungswelt zu verstehen, sind

---

[25] Objectivity is a central philosophical concept, related to reality and truth... Generally, objectivity means the state or quality of being true even outside of a subject's individual biases, interpretations, feelings, and imaginings. A proposition is generally considered objectively true (to have objective truth) when its truth conditions are met and are "bias-free"; that is, existing without biases caused by, feelings, ideas, etc. of a sentient subject. (Wikipedia - Footnotes omitted).

[26] A second, broader meaning of the term refers to the ability in any context to judge fairly, without bias or external influence (see journalistic objectivity); this second meaning of objectivity is sometimes used synonymously with neutrality. (Wikipedia).

aber ohne entsprechende Metadaten nicht als „objektiv" zu rechtfertigen, weil sie meist auch pragmatisch-subjektiv determiniert sind:

Realität ist der mutmaßliche Zustand von Dingen so wie sie tatsächlich existieren, anstatt wie sie erscheinen oder sich vorstellbar sein mögen. Nach einer breiteren Definition umschließt Realität alles, was ist oder gewesen ist, ganz gleich ob es wahrnehmbar oder verständlich ist. Eine noch breitere Definition schließt alles ein, was existiert hat, existiert oder existieren wird. (Wikipedia).[27]

In diesem Zusammenhang ist Wittgensteins Definition vielleicht interessant (aber ziemlich sinnlos – vgl. dazu Popper 1994:175-177), weil sie praktisch keinen Unterschied zwischen objektiver und subjektiver Realität macht:

„Die Welt ist alles, was der Fall ist. " – Also auch „Big Data", aber, wie wir gesehen haben, handelt es sich um ein sehr nebulöses Konzept, weil erklärende Metadaten meistens fehlen und die jeweilige Problematik nicht klar genug beschrieben ist, um die damit verbundenen Lösungsversuche einer kritischen Prüfung zu unterziehen.

Im informationstechnologischen Datenkontext wird neuerdings auch öfter zwischen „realer" und „virtueller Realität" unterschieden, die beide digital-sprachlich ausgedrückt und deswegen syntaktisch nicht zu unterscheiden sind. Während sich reale Daten auf physisch Existentes beziehen, sind virtuelle Daten als Gedachtes zu verstehen und als solche auch mithilfe von Metadaten semantisch korrekt zu beschreiben. Dabei ist jedoch wiederum zu unterscheiden, ob es sich um rational-kohärente oder irrationale Abstraktionen handelt, weil ihre digitale Abbildung auf Grund von Gehirnströmen in verschiedenen Gehirnregionen solche Unterscheidungen zulässt und sie (eventuell) objektiv zu bestimmen sind.

Philosophen, Mathematiker und andere antike und moderne Denker wie Aristoteles, Plato, Frege, Wittgenstein und Russell haben zwischen Gedanken, die der Realität entsprechen, zusammenhängenden Abstraktionen (Gedanken über Dinge die vorstellbar aber nicht real sind), und dem, was nicht einmal rational gedacht werden kann, unterschieden. Im Gegensatz dazu ist Existenz oft beschränkt auf das, was physische Existenz oder eine direkte Basis darin hat wie Gedanken im Gehirn. (Wikipedia)[28]

---

[27] Reality is the conjectured state of things as they actually exist, rather than as they may appear or might be imagined. In a wider definition, reality includes everything that is and has been, whether or not it is observable or comprehensible. A still more broad definition includes everything that has existed, exists, or will exist. (Wikipedia – footnotes omitted).

[28] Philosophers, mathematicians, and other ancient and modern thinkers, such as Aristotle, Plato, Frege, Wittgenstein, and Russell, have made a distinction between thought corresponding to reality, coherent abstractions (thoughts of things that are imaginable but not real), and that which cannot even be rationally thought. By contrast existence is often restricted solely to that which has physical existence or has a direct basis in it in the way that thoughts do in the brain (Wikipedia).

Deswegen bleibt praktisch nur mithilfe von Metadaten zu bestimmen, inwieweit virtuelle Daten sich von realen Daten unterscheiden (lassen) und welchen Wahrheitsgehalt sie jeweils haben (können). Damit sind wir zunächst mit dem Verständnis von Wahrheit, Falschheit und Fiktion im Hinblick auf Daten im Allgemeinen und Big Data im Besonderen konfrontiert:

Die Wahrheit bezieht sich auf das, was real ist, während sich Falschheit auf das bezieht, was unwahr ist. Fiktionen werden als nicht real betrachtet. (The "truth" refers to what is real, while "falsity" refers to what is not. "Fictions" are considered not real. (Wikipedia)

Es handelt sich bei der Wahrheit immer um Überzeugungen (beliefs) in einem Wissenskontext, die unterschiedlich motiviert sind und jeweils anders ausgedrückt werden (können), aber klar sein und logischen Gesetzen folgen müssen. Wenn der genaue Wirklichkeitsausschnitts bzw. die Problematik weder den Erstellern klar noch den Benutzern von Informationen bekannt ist; wenn die Datenbeschreibungen durch Metadaten unvollständig sind oder in einer Programmiersprache fehlen; und wenn die Algorithmen, Filter oder Modelle, die auf die Daten angewandt werden, nicht spezifiziert sind, dann beansprucht das IT-Personal (im weitesten Sinne) das Monopol über moderne Informationstechnologie unter dem Deckmantel der Big-Data-Mystique und algorithmischer Allmacht. Niemand scheint fähig, sie kritisch, intelligent und ernsthaft in Frage zu stellen. Kurzum, Wahrheit scheint im digitalen Big-Data-Zeitalter ein überflüssiges Konzept zu sein.

Abgesehen von der „Redundanztheorie der Wahrheit," nach der es lediglich verschiedene Perspektiven auf die Realität gibt, kennen wir aber mindestens fünf verschiedene Bedeutungen der Wahrheit, die als *Kohärenztheorie* (Coherence Theory of Truth), als *Korrespondenztheorie* (Correspondence Theory of Truth), als *semantische Wahrheitskonzeption* (Semantic Conception of Truth), als *pragmatische Konzeption* (Pragmatic Conception of Truth) und als *kollektive Wahrheitstheorie* (Collective Theory of Truth) bekannt sind. Alle Wahrheitstheorien sind erkenntnistheoretisch definiert und entsprechende Erkenntnisse lassen sich im jeweiligen Kontext sprachlich klar ausdrücken:

[Die Kohärenztheorie der Wahrheit] definiert „wahr" als ein Merkmal einer Menge von Überzeugungen, die sich gegenseitig bestärken (oder „Zusammenhängen") und den Bedingungen logischer Konsistenz (wo es nicht zutrifft, dass für jede Überzeugung b sowohl b und ihre Negation, nicht-b, zur selben Zeit akzeptiert sind), und deduktiver Geschlossenheit (wonach, wenn die Wahrheit einer Überzeugung b1 logisch die Wahrheit von Überzeugung b2 erfordert, dann muss b2 auch akzeptiert werden, wenn b1 akzeptiert ist) genügen. Da eine Person zu verschiedenen Zeiten und zwei Personen zur selben Zeit völlig unterschiedliche Überzeugungen haben dürfen, solange ihre Überzeugungen kohärent sind, beinhaltet die

Kohärenztherorie nicht die Korrespondenztheorie. (Fetzer und Almeder, 1990: 134)[29]

Die Kohärenztheorie umschreibt also „subjektive Wahrheiten", während sich die Korrespondenztheorie an „objektiven Tatsachen" orientiert:

[Die Korrespondenztheorie der Wahrheit] definiert „wahr" als Bezeichnung der Eigenschaft eines Aussagesatzes wenn, was er behauptet der Fall zu sein, der Fall ist. Solch ein Satz („John ist ein Junggeselle") ist wahr, wenn die Welt (oder Realität) so ist, wie sie dadurch als solche beschrieben ist oder wenn dieser Satz der Welt entspricht [mit ihr „korrespondiert"], weil in diesem Falle John ein Junggeselle ist. Die semantische Theorie der Wahrheit ist eine Verfeinerung der Korrespondenztheorie. (Fetzer und Almeder, 1990: 135)[30]

Im syntaktischen und semantischen Kontext aller digitalen Daten (*klein/small* oder *groß/big*), die nicht nur mithilfe von verschiedenen Digital-Konventionen wie Byte-Größe oder Doppel-Byte–Größe für graphische, linguistische, und numerische Ausdrücke, sondern auch in verschiedenen Programmiersprachen mit unterschiedlichen Konventionen für Datenbeschreibungen definiert sind, ist die semantische Konzeption der Wahrheit von Bedeutung und zu verstehen:

*[Die semantische Konzeption der Wahrheit] behauptet, das Wahrheit als eine metalinguistische Aussage interpretiert werden sollte, um verschiedene semantische Paradoxe zu vermeiden (wie den Satz, der von sich behauptet, „Dieser Satz ist falsch", der wahr ist, wenn er falsch ist und falsch ist, wenn er wahr ist). Wahrheit wird als Aussage in einer **Meta-Sprache** betrachtet, um Sätze zu beschreiben, die in einer **Objekt-Sprache** vorkommen. Wahrheitszuschreibungen sind relativ zu einer Sprache und erfordern passende Übersetzungen in der Sprache in der sie ausgedrückt sind. Der Satz, „Schnee ist Weiß" ist wahr im Deutschen wenn und nur wenn Schnee Weiß ist", spezifiziert notwendige und hinreichende Bedingungen der Wahrheit für den Satz „Schnee ist Weiß" auf Deutsch, voraus-*

---

[29]   [The coherence theory of truth] defines "true" as a property of sets of beliefs that are mutually reinforcing (or "hang together") while satisfying conditions of logical consistency (where it is not the case that, for any belief *b*, both *b* and its negation, not-*b*, are accepted at the same time) and of deductive closure (where, if the truth of belief *b1* logically requires the truth of belief *b2*, then *b2* must also be accepted whenever *b1* is accepted). Since one person at two different times and two persons at the same time are entitled to completely different beliefs as long as their beliefs are coherent, the coherence theory does not entail the correspondence theory. (Fetzer and Almeder, 1993: 134).

[30]   [The correspondence theory of truth] defines "true", as designating the property of a declarative sentence when what it asserts to be the case is the case. Such a sentence ("John is a bachelor") is true when the world (or **reality**) is the way it is thereby described as being or when that sentence "corresponds" to the world because, in this case, John is a bachelor). The semantic theory of truth is a refinement of the correspondence theory. (Fetzer and Almeder, 1993: 135).

gesetzt, dass er richtig in der Meta-Sprache Englisch durch den Satz „Snow is White" übersetzt ist. (Fetzer und Almeder, 1990: 36) [31]

Wenn wir beispielsweise Aussagen in der Sprache des Rechnungswesens (z.B. *Accountancy,* verstanden als „modern-deutsche" Objektsprache für die Beschreibung von Finanzgebaren und wirtschaftlichem Verhalten) wie „Der Profit ist 1 Million Euros" auf ihre Wahrheit hin überprüfen wollen, müssen wir sie korrekt in eine Metasprache (z.B. *ACL*) übersetzen. Das heißt, dass die Wahrheit in einer Metasprache wie *ACL-Englisch* beispielsweise wie folgt auszudrücken wäre: „Der Profit ist 1 Million Euros is true in *Accountancy* if and only if the profit is 1 million Euros." - Ohne korrekte Übersetzung von Aussagen in der Objektsprache in eine Metasprache gibt es keinen korrespondierenden Wahrheitstest. Die Metasprache muss also syntaktisch und semantisch mindestens ebenso mächtig sein wie die Objektsprache. Konkreter ausgedrückt: Eine Prüfungssprache muss alle zu bestätigenden Daten, die in einer Objektsprache ausgedrückt sind, also sowohl *Small Data* als auch *Big Data*, „korrekt und verständlich abbilden" können, damit sich ein Benutzer von der Wahrheit der in der Objektsprache ausgedrückten Tatsachen oder Behauptungen überzeugen kann. - Offensichtlich ist eine metasprachliche Bestätigung von objektsprachlichen Big-Data-Aussagen nicht möglich, solange wir kein eindeutiges oder nur ambivalentes Vokabular dafür haben!

Wenn die Wahrheit von Aussagesätzen von Überzeugungen abhängt, dass die vorhandenen Beweismittel ausreichen, um die Aussagen zu rechtfertigen oder als wahr zu akzeptieren, handelt es sich um die pragmatische Wahrheitstheorie:

[Die pragmatische Theorie der Wahrheit] definiert „wahr" als Bezeichnung einer Eigenschaft eines Aussagesatzes, wenn seine Behauptung (oder Akzeptanz) voll berechtigt ist. Das erfordert, dass das vorhandene Beweismaterial ausreichend ist, um die Behauptung (oder ihre Akzeptanz) zu rechtfertigen. Jedoch unterscheidet sie sich von der Korrespondenztheorie insoweit, als Sätze, deren Behauptung voll berechtigt ist, die Welt [möglicher Weise] nicht beschreiben (oder [nicht] „mit ihr korrespondieren"). (Fetzer und Almeder, 1993: 136). [32]

---

[31] [The semantic conception of truth] maintains that truth ought to be interpreted as a metalinguistic predicate in order to avoid various semantic paradoxes (such as the sentence that asserts of itself, "This sentence is false", which is true if it is false and false if it is true). Truth is viewed as a predicate that occurs in a **metalanguage** to describe sentences that occur in an **object-language**. Truth ascriptions are relative to a language and require adequate translations in the language in which they are expressed. The sentence, "Schnee ist weiß is true in German if and only if snow is white", thus specifies necessary and sufficient conditions of truth for the sentence "Schnee ist weiß" in German provided that it is properly translated within the meta-language of English by the sentence "Snow is white". (Fetzer and Almeder, 1993: 136).

[32] [The pragmatic theory of truth] defines "true", as designating the property a declarative sentence has when its assertion (or acceptance) is fully warranted. This requires that the available evidence is sufficient to justify its assertion (or acceptance). Yet it differs from the correspondence theory insofar as sentences whose assertion is fully warranted might not describe (or "correspond to") the world. (Fetzer and Almeder, 1993: S 135-136).

Ein typisches Beispiel dafür ist die traditionelle Prüfung des finanziellen Rechnungswesens, deren Ergebnisse sowohl auf Tatsachen (echte Transaktionen und Inventare) als auch auf rational überzeugenden Annahmen (Wertberichtigungen) beruhen, die mithilfe von „professionellen Prüfmethoden" (als „beste Praktiken" verstanden) ermittelt werden.

Wenn wir es mit mehr als einem einzelnen Datenbenutzer zu tun haben, kann die Wahrheit von den Überzeugungen der Mitglieder einer „Zunft" abhängen. Eine Variation der pragmatischen Wahrheitstheorie ist dann die „kollektive Wahrheitstheorie" von Charles S. Peirse:

[Die Peircesche Wahrheitstheorie] definiert „wahr" als Eigenschaft solcher Überzeugungen, welche die Gemeinschaft von Untersuchenden letztlich akzeptieren wird oder der sie langfristig zustimmt (d.h., die Meinung, die sie gemeinsam teilen gilt als Ergebnis der Anwendung wissenschaftlicher Methoden zu beantwortbaren Fragen betreffs der Welt für immer). Alternativ ist es die Meinung, die sie teilen würden, wenn sie wissenschaftliche Methoden für beantwortbare Fragen betreffs der Welt immer anwenden würden. Nach beiden Formulierungen glaubt man, dass diese Formulierungen mit der Welt „korrespondieren". Genau genommen garantiert Wahrheit im Peirceschen Sinne nicht Entsprechung, unterdessen sind rationale Überzeugungen solche, deren Akzeptanz angemessen durch die vorhandenen relevanten Beweismittel garantiert ist. (Fetzer und Almeder, 1993: 135)[33]

Im Gegensatz dazu ist die pragmatische Wahrheitstheorie weniger „streng" in ihren Anforderungen, weil sie auch Aussagen zulässt, die nicht „wissenschaftlich" sind und nicht mit der Welt korrespondieren.

Wir können jetzt die relativ komplexe Diskussion von Objektivität und Wahrheit mit Referenz zur Subjektivität zusammenfassen, weil alle mithilfe von Computertechnologie gesammelten und in elektronischen Gedächtnissen gespeicherte Daten immer von den Vorstellungen, die Datenermittler und - Benutzer von Relevanz und Wahrheit haben, abhängen.

Subjektivität ist der Zustand, ein Subjekt zu sein: D.h. die Qualität, Perspektiven, Erfahrungen, Gefühle, Überzeugungen, Wünsche und/oder Macht zu haben. Subjektivität ist als Erklärung dafür gebraucht, was die Urteile von Leuten über Wahrheit und Realität beeinflusst und informiert.

---

[33] [The Peirsean theoy of truth] defines "true" as a property of those beliefs that the community of inquirers is ultimately destined to accept or to agree upon in the long run (that is the opinion that they will share in common as a result of applying scientific methods to answerable questions concerning the world forever). Alternatively, it is the opinion that they *would* share if they *were* to apply scientific methods to answerable questions concerning the world forever. In either formulation, those beliefs are thought to "correspond", to the world. Strictly speaking, truth in Peirce's sense does not guarantee correspondence, in the meanwhile, rational beliefs are those whose acceptance is suitably warranted by the available relevant evidence. (Fetzer and Almeder, 1993: 135).

Es ist die Ansammlung von Auffassungen, Erfahrungen, Erwartungen, persönlichem und kulturellem Verständnis und Ansichten, die spezifisch für eine Person sind. Sie ist oft im Kontrast zu dem Begriff Objektivität gebraucht, die als Sicht von Wahrheit und Realität frei von dem Einfluss eines Individuum beschrieben ist. (Wikipedia)[34]

Wir können also zusammenfassend behaupten, dass *Big Data* als solche die Objektivität von Beobachtungen oder Messungen der Welt im Allgemeinen oder der Umwelt im besonderen Kontext nicht „automatisch" erhöhen kann. Die jeweils relevanten Metadaten müssen vorhanden sein, um die Relevanz und Wahrheit logisch beschreiben und kritisch überprüfen zu können, auch wenn sie letztlich subjektive Vermutungen der ursprünglichen Datenermittler oder der späteren Datenbenutzer darstellen und bestätigen oder weiterhin in Frage stellen.

Die Relevanz von etwas zu kennen ist zu wissen, warum es egal ist oder wie es wichtig ist. Ich verstehe nicht die Relevanz dieser Diskussion: es scheint mir nicht wichtig zu sein.[35]

Man könnte nun trotzdem behaupten, dass je mehr Daten benutzbar gesammelt, verdichtet, vernetzt und zentralisiert gespeichert werden, desto relevanter können sie für momentane oder spätere Benutzer werden, soweit damit größere Transparenz im jeweiligen Problemkontext ermöglicht wird. Auch diese Behauptung sollte kritisch überprüft werden, weil wiederum "mehr nicht unbedingt besser" ist.

---

[34] Subjectivity is the condition of being a subject: i.e., the quality of possessing perspectives, experiences, feelings, beliefs, desires, and/or power. Subjectivity is used as an explanation for what influences and informs people's judgments about truth or reality. It is the collection of the perceptions, experiences, expectations, personal or cultural understanding, and beliefs specific to a person. It is often used in contrast to the term objectivity, which is described as a view of truth or reality which is free of any individual's influence. (Wikipedia – Footnotes ignored).

[35] To know the relevance of something is to know why it matters or how it is important. I don't understand the *relevance* of this discussion: it doesn't seem important to me. (Wikipedia).

5 Transparenz

Transparenz bedeutet Durchsichtigkeit, Durchschaubarkeit und Offensichtlichkeit von relevanten Daten-, Informations- und Wissensstrukturen innerhalb eines Wirklichkeitsausschnittes oder Wissenskontextes. Sie ist im Zusammenhang mit Informationen und Wissen abhängig von der vorhandenen Menge relevanter Daten und Metadaten sowie von logischen Verknüpfungen, die unter ihnen bestehen oder hergestellt werden können.

Wenn beispielsweise der Wirklichkeitsausschnitt eine Firma oder Organisation ist, lassen sich unterschiedliche Strukturen und Verhaltensweisen erkennen und daten- sowie meta-daten-mäßig beschreiben und erklären. Jede dieser unterschiedenen Strukturen ist ein Modell der Firma: Kontenrahmen, Bilanz, Gewinn- und Verlustrechnung, Marktposition, Personalbestand und dgl., für das jeweils Daten und Metadaten angewandt, gesammelt und verwaltet werden. Wir gehen traditionell von diesen Modellen aus, um organisatorisches Verhalten datenmäßig zu beschreiben und zu erklären, aber nur wenn diese Daten und Metadaten und ihre Vernetzungen offen liegen und kritisch zugänglich sind, kann sich die Transparenz der Welt bzw. Umwelt glaubwürdig erhöhen.

Der Einfluss von sogenannter künstlicher Intelligenz (KI) hat nun dazu geführt, dass man aus vernetzten Massendaten neue Erkenntnisse herausfiltern kann, wie z.B. Gesichtserkennung, Kundenverhalten, Spracherkennung, Verkehrsverhalten, usw. Die dabei benutzten Algorithmen sind und bleiben bisher allerdings Geschäftsgeheimnisse ihrer Entwickler und sind nicht transparent, obwohl sie zur Lösung verschiedener Probleme und zur Aufklärung verschiedener krimineller Vergehen beitragen können. Allerdings warnt Fetzer bereits 1990:

Ich glaube... dass jene, die Software Produkte produzieren, eine ethische Pflicht haben, sicher zu stellen, dass deren Leistungsfähigkeiten richtig verstanden sind – nicht nur von Praktikern im Bereich, die weniger wahrscheinlich hereingelegt werden, sondern von den aktiven Benutzern. Die Konsequenzen, Fehler in einer komplexen Welt zu machen, können profund sein. Dem KI-Beruf erwachsen dadurch besondere moralische Verpflichtungen.[36]

---

[36] I believe … that those who produce software products have an ethical duty to ensure that their performance capabilities are properly understood – not merely by professionals in the field, who are less likely to be taken in, but the product's on-line users. The consequences of making mistakes in a complex world can be profound. The AI profession thereby incurs special moral obligations. (Fetzer, 1990: 267).

Transparente Daten und Algorithmen können weniger leicht ge- oder verfälscht sein oder werden und hängen ab von der Bereitschaft der Datenermittler, sie kritischen Benutzern, inklusive externen Prüfern offen und „ungeschminkt" zur Verfügung zu stellen:

Transparenz, so wie sie in Wissenschaft, Ingenieurwesen, Geschäftsleben, den Geisteswissenschaften und allgemeiner im sozialen Kontext gebraucht wird, impliziert Offenheit, Kommunikation und Rechenschaftspflichtige Verantwortlichkeit. Transparenz ist, in einer Weise zu operieren, dass es für andere leicht ist, zu sehen, welche Handlungen ausgeführt werden. Sie ist einfach definiert worden als "die erkennbare Qualität absichtlich geteilter Information eines Absenders." Zum Beispiel, ein Kassierer, der Geld nach einem Verkauf wechselt und eine Unterlage über die gekauften Artikel (z.B. eine Quittung) anbietet und außerdem das Wechselgeld des Kunden auf dem Ladentisch auszählt, demonstriert Transparenz. (Wikipedia – Fußnoten ignoriert). [37]

Trotzdem suggeriert die Big-Data-Ideologie lediglich Transparenz innerhalb eines ideologisch limitierten apriorischen Erfahrungsrahmens, der eher verblendet als aufklärt:

Wir haben es erlaubt, sehr billig monetisiert und zu Produkten gemacht zu werden indem wir Milliarden von Dollars unserer persönlichen Daten an neue Klassen einer Elite weggegeben haben, die eine Gelegenheit erkannte und ausnutzte. Wir akzeptierten alle ihre einseitigen Dienstleistungsbedingungen (DLB) ohne sie je zu lesen, und sie maximierten ihre Profite unbelastet von Regulation und Aufsicht. Sicherlich, wir erhielten einige schön coole Produkte aus diesem Handel… aber nachdem wir jetzt alle diese Daten weggegeben haben, finden wir uns mächtigen Datenungeheuern mit fast-regierungs-mäßiger Macht ausgeliefert, die mit unserer Information und unserem Leben machen, was sie wollen. (Goodman, 2015: 79) [38]

Glaubwürdige Transparenz ist zusätzlich abhängig von Datenschutz- und Datensicherheitsmaßnahmen wie wir sie bereits rudimentär aus der doppelten Buchhaltung kennen. Beispielsweise sind die originären Daten der Finanz-

---

[37] **Subjectivity** is the condition of being a subject: i.e., the quality of possessing perspectives, experiences, feelings, beliefs, desires, and/or power. Subjectivity is used as an explanation for what influences and informs people's judgments about truth or reality. It is the collection of the perceptions, experiences, expectations, personal or cultural understanding, and beliefs specific to a person. It is often used in contrast to the term objectivity, which is described as a view of truth or reality which is free of any individual's influence. (Wikipedia).

[38] We allowed ourselves to be monetized and productized on the cheap, giving away billions of dollars of our personal data to new classes of elite who saw an opportunity and seized it. We accepted all their one-sided ToS (Terms of Service) without ever reading them, and they maximized their profits, unencumbered by regulation or oversight. To be sure, we got some pretty cool products out of the deal… but now that we've given all these data away, we find ourselves at the mercy of powerful data behemoths with near-government-level power who do as they please with our information and our lives. (Goodman, 2015: 79).

buchhaltung alphabetische und numerische Darstellungen beobachteter oder automatisch gesteuerter Transaktionen, die doppelt erfasst werden, um sie als Soll- und Habenwerte miteinander zu vergleichen. Trotz aller internen Kontrollen dieser und anderer Art besteht aber die Notwendigkeit zur analytischen Prüfung von Daten der Buchhaltung (*small* und *big*), weil die daraus synthetisierten Geschäftsberichte als Bilanz, Gewinn- und Verlustrechnung und Finanzflussrechnung auf ihnen basieren und nicht nur transparent für die legitimen Empfänger, sondern auch objektiv von Dritten überprüfbar sein müssen. Trotzdem werden solche Geschäftsberichte immer wieder gefälscht, wie jüngst jene von Olympus und Toyota in Japan.

Da jedoch die in der Finanzbuchhaltung traditionell erfassten und gespeicherten Transaktionsdaten unterschiedlich motiviert sein können, könnten *Big-Data-Meta-Data* beispielsweise Aussagen über die Motivation von An- und Verkäufen der verschiedensten Wirtschaftsgüter enthalten. Sie könnten somit die Erwartungen des jeweiligen Managements dergestalt beschreiben, dass die Aktionäre hellhörig werden und ihm das Vertrauen entziehen. Also ist fehlende Transparenz ein Risiko, dass nur durch berechtigtes Vertrauen bzw. rationale Überzeugung gemildert werden kann. Andererseits ist nicht garantiert, dass *Big-Data* wirklich relevant ist, obwohl sie immer wieder neue und immer mehr Kriterien für die Motivation der beobachteten oder erfassten Datensubjekte enthalten: z.B. wann, wo, was, warum und wie eingekauft bzw. konsumiert oder wozu verarbeitet wird oder wurde.

Offensichtlich sind solche zusätzlichen Daten, die in großen Mengen als Metadaten anfallen können, schützenswert, weil sie einerseits zur Privatsphäre der Akteure gehören und andererseits die Transparenz des Wirtschaftens im jeweiligen Kontext erhöhen oder gar „verraten" können. Ob und wie *Big-Data* dazu benutzt werden (können), beispielsweise das Vertrauen der Aktionäre in das Management zu stärken oder vorhandenes Mistrauen abzubauen, steht auf einem anderen Blatt. Schließlich hängt Transparenz davon ab, ob, wann und wie die Daten letztlich präsentiert werden.

> *Das Problem ist, dass unser Leben völlig zwischen Bildschirmen und anderen Technologien geschaltet ist, dass, obwohl sie den Anschein von Transparenz geben, in Wirklichkeit von anderen programmiert, kontrolliert und betrieben werden. Schlimmer, keiner von uns hat eine verrückte Ahnung wie all das funktioniert. (Goodman, 2015: 165).* [39]

Big-Data-überwachte Internet-Benutzer (also wir alle!) werden jedenfalls immer vorsichtiger (oder sollten es werden), weil sie wissen (sollten), dass sie von allen möglichen Seiten „beobachtet" und anschließend auf verschiedene

---

[39] The problem is that we are leading lives fully intermediated by screens and other technologies that, although they give the appearance of transparency, are in fact programmed , controlled, and operated by others. Worse, none of us have a freaking clue as to how any of it works. (Goodman, 2015: 165).

Weise „ausgetrickst" werden (können). Darüber hinaus müsste die beabsichtigte Transparenz durch glaubwürdige und überzeugende Angaben und belegte Verhaltensweisen zur Datensicherheit untermauert werden, wenn dadurch das (emotionale) Vertrauen (Trust) bzw. die (rationale) Überzeugung (confidence) der Datenbenutzer in die Handlungen der Datenersteller initiiert oder gestärkt werden soll. Die 12 goldenen Datenschutzregeln der DATEV illustrieren die Situation sehr anschaulich, aber nicht ausreichend, weil sie weder erkenntnistheoretische Fragen noch Antworten enthalten (Abbildung auf der nächsten Seite):

1. Beachten Sie die gesetzlichen Zulässigkeitsvoraussetzungen und betrieblichen Grundsätze beim Umgang mit personenbezogenen und sonstigen vertraulichen Daten entsprechend ihrer Klassifikation (streng vertraulich, vertraulich, Daten nur für internen Gebrauch); ... und verwenden Sie diese Daten ausschließlich im Rahmen rechtmäßiger Aufgabenerfüllung.

2. Beachten Sie die Verpflichtung zur Wahrung des Datengeheimnisses und sprechen Sie auch in der Öffentlichkeit nicht über dienstliche Angelegenheiten vertraulichen Inhalts...

3. Verhindern Sie den unbefugten Einblick in vertrauliche Unterlagen und verschließen Sie diese immer nach Dienstschluss. Für streng vertrauliche Unterlagen ist Sonderschließung oder Tresoraufbewahrung erforderlich.

4. Schützen Sie jederzeit unter Einhaltung der Passwortgrundsätze Ihr DV-System vor unberechtigtem Zu-griff auf Programme und Daten und unterlassen Sie Ihrerseits unberechtigte Zugriffe auch dann, wenn es technisch möglich ist...

5. Beachten Sie, dass u.a. bei der Verarbeitung streng vertraulicher Daten, bei Speicherung vertraulicher Daten auf dem PC durch mehrere Benutzer, auf Laptops oder auf Servern zusätzliche Datenschutz-Maßnahmen erforderlich sind...

6. Schützen Sie Ihre Programme und Daten gegen Beschädigung und Diebstahl und vermeiden Sie durch ordnungsgemäße Datensicherung Programm- und Datenverlust...

7. Löschen Sie nicht mehr benötigte Daten immer durch vollständiges Überschreiben der alten Daten und entsorgen Sie vertrauliche Schriftstücke und Datenträger über Aktenvernichter (streng vertrauliche Unterlagen) oder Entsorgungscontainer.

8. Übertragen Sie vertrauliche Daten nur über hinreichend sichere Kommunikationswege und stellen sie sicher, dass nur der Empfänger die Daten erhält; streng vertrauliche Daten dürfen ohne ausreichende Verschlüsselung nicht übertragen werden.

9. Außerhalb des Betriebsgeländes dürfen DATEV-Unterlagen sowie Hard- und Software nur in geschlossenen Behältnissen oder im PKW-Kofferraum mitgenommen werden...

10. Setzen Sie nur offiziell durch die DATEV beschaffte/freigegebene Hard- und Software ein und überprüfen Sie diese regelmäßig auf Computer-Viren und ungewöhnliche Veränderungen...

11. Benutzen Sie im Dienst keine private Hard- und Software. Dienstliche Hard- und Software darf im Privatbereich nur mit einer Ausnahmegenehmigung benutzt werden.

12. Melden Sie geplante DV-Anwendungen sowie andere Vorhaben mit personenbezogenen und sonstigen vertraulichen Daten dem Datenschutzbeauftragten und informieren Sie ihn und den Vorgesetzten über ungewöhnliche Ereignisse und Feststellungen, z.B. Sicherungsmängel

Tabelle 1: Die 12 goldenen Datenschutz-Regeln der DATEV

Methoden und Verfahren für Datenschutz und Datensicherheit müssten meta-daten-mäßig dokumentiert und prüfbar sein, wenn man sich auf sie verlassen will, ganz gleich, ob es sich um *kleine* oder *große* Datenmengen handelt. Hinter allen Daten und Metadaten stehen bestimmte Datenobjekte oder individuelle bzw. kollektive Datensubjekte, die entweder überzeugend, objektiv und transparent beschrieben oder auch irreführend fiktiv und bewusst intransparent sein können. Solange keine gesetzlichen oder ethische Normen und Prüfungsvorschriften dafür bestehen, lässt sich kein abschließendes Urteil über eventuell erhöhte Transparenz mithilfe von *Big Data* bilden.

Was Google mit großen Anstrengungen geschafft hat, ist „Google Transparenz" zum monetären Vorteil von Google und seinen Datenkunden, aber nicht unbedingt erhöhte Transparenz für jeden einzelnen von uns, die wir auf Grund unseres digital dokumentierten Verhaltens dabei zu den unterschiedlichsten Zwecken nahezu als „Freiwild" benutzt werden können!

Wie könnten wir unter diesen Umständen Vertrauen beispielsweise zu Google, Facebook, Yahoo und ihren Mitarbeitern als" Big-Data-Sammler und -Benutzer" gewinnen, solange es keine gerechte, transparente und verbindliche Big-Data- Governance gibt und weder die Daten noch die Algorithmen zum Gewinnen von kritischen und eventuell falsifizierenden Einsichten zugänglich sind?

6 Vertrauen

Es erscheint sinnvoll, zwischen *Vertrauen* (Trust) als emotionale Basis für, und *Überzeugung* (confidence) als rationale Konsequenz von transparenten und für wahr gehaltenen Daten (*groß/big* oder *klein/small*) zu unterscheiden, selbst wenn sie immer irgendwie suspekt sind, weil unser Wissen eben nicht „sicher" ist und keine Gewissheit bedeutet:

> *Im sozialen Kontext hat **Vertrauen** mehrere Assoziationen. Definitionen von Vertrauen beziehen sich typischer Weise auf eine Situation, die durch folgende Aspekte charakterisiert ist: Eine Partei (Vertrauender) ist bereit, sich auf die Handlungen einer anderen Partei (Treuhänder) zu verlassen; die Situation ist in die Zukunft gerichtet. Zusätzlich gibt der Vertrauende (freiwillige oder gezwungene) Kontrolle über die Handlungen des Treuhänders ab. Folglich ist der Vertrauende unsicher über die Ergebnisse der Handlungen des anderen; sie können lediglich Erwartungen entwickeln und beurteilen. Die Unsicherheit betrifft das Risiko eines Scheiterns oder eines Schadens für den Vertrauenden, wenn der Treuhänder sich nicht so verhält wie gewünscht.*[40]

Damit ergibt sich die Frage, wer der Treuhänder und wer der Vertrauende im Zusammenhang mit Big Data ist, insbesondere, wenn es (noch) keine wirklich faire Treuhandvereinbarung für private Datenbenutzung und -verwaltung gibt. Missbrauch sind dabei Tür und Tor geöffnet!

Mistrauen entsteht oder besteht gegenüber Datenermittlern und -verwaltern, wenn Daten jeglicher Art falsch, gar nicht, unvollständig oder widersprüchlich beschrieben sind, und gegenüber Datenbenutzern, wenn Informationen unkritisch oder widersprüchlich aus falschen, unvollständigen oder widersprüchlichen Daten unkritisch herausgefiltert oder modelliert werden, oder wenn relevante und wahre Daten unberücksichtigt bleiben. Darüber hinaus kann Mistrauen entstehen, wenn Datenschutz und Datensicherheit offensichtlich oder nach entsprechenden Relevanz- oder Wahrheitskriterien vernachlässigt sind, z.B. weil nicht genügend oder falsche Metadaten für kritische Beurteilungen zur Verfügung stehen.

---

[40] In a social context, **trust** has several connotations. Definitions of trust typically refer to a situation characterized by the following aspects: One party (trustor) is willing to rely on the actions of another party (trustee); the situation is directed to the future. In addition, the trustor (voluntarily or forcedly) abandons control over the actions performed by the trustee. As a consequence, the trustor is uncertain about the outcome of the other's actions; they can only develop and evaluate expectations. The uncertainty involves the risk of failure or harm to the trustor if the trustee will not behave as desired. (Wikipedia – Fußnoten ignoriert).

Letztlich laufen Computer Hacking, Kodierungsmanipulation und Bild-schirmverschiebungen alle auf ein fundamentales Problem von Vertrauen hinaus. Vertrauen ist im Kern aller dieser Diskussionen, und gegenwärtig gibt es in unserer Welt nicht so etwas wie vertrauensvolles Computing. Die Sicherheit, Privatheit und Verlässlichkeit von Technologie sind zu leicht unterbrochen, sabotiert und untergraben. Wir haben tatsächlich nicht die geringste Idee, was innerhalb unserer Systeme vorgeht, densel-ben, die wir persönlich, beruflich und zur Verwaltung der Welt benutzen. Obwohl wir weiterhin unser Vertrauen auf Gott bauen können, ist unser Vertrauen in Bildschirme unangebracht und wird zurückkommen, um uns auf Arten und Weisen zu beißen, die wir bedauern werden. (Goodman, 2015: 166).[41]

Noch deutlicher kann man kaum vor naivem Vertrauen in Big Data und die Macht der heutigen (reellen und besonders der kriminellen) Informationstech-nologen warnen:

Es ist, als ob wir in eine „in Bildschirme vertrauen wir" Kultur umge-wandelt sind. Wenn etwas auf dem Bildschirm ist, ganz gleich ob es ein Computer, iPad, industrielles Kontrollsystem, Verkehrszeichen, GPS Ge-rät, Radarinstallation oder mobiles Telefon ist, unsere erste Neigung ist zu glauben, was wir vor uns sehen. Wir haben jedoch immer wieder ge-zeigt, dass alles, von unseren Freunden auf Facebook bis zu den Num-mern die wir auf unseren Mobiltelefonen wählen, manipuliert sein und uns täuschen kann.[42]

Im Gegensatz zu (emotionalem) Vertrauen ist Überzeugung (confidence) als „rationales" Vertrauen auf der Basis von logisch etablierter Wahrheit in einem gegebenen Kontext zu unterscheiden:

Überzeugung ist definiert als „das Gefühl oder der Glaube, dass man sich auf etwas oder jemanden verlassen kann; festes Vertrauen; der Zustand sich si-cher über die Wahrheit von etwas zu fühlen. " (Wikipedia)[43]

---

[41] In the end, all the computer hacking, code manipulation, and screen shifting boil down to a fundamental issue of trust. Trust is at the core of all of these discussions, and currently in our world there is no such thing as trustworthy computing. The security, privacy, and reliability of technology are too easily disrupt-ed, sabotaged and undermined. The fact of the matter is we have no earthly idea what is going on inside our systems, the same ones we use every day personally, professionally, and to run the world. While we may still faithfully place our trust in God, placing our trust in screens is deeply misguided and will come back to bite us in ways we will regret. (Goodman, 2015: 166).

[42] It is as if we have transformed into an "in screen we trust" culture. If something is on a screen, whether it be a computer, iPad, industrial control system, street sign, GPS device, radar installation, or mobile phone, our first inclination is to trust what we see before us. However, we have shown time and time again that everything from our friends on Facebook to the numbers we dial on our mobile phones can be rigged to deceive us. (Goodman, 2015: 165).

[43] Confidence is defined as "the feeling or belief that one can rely on someone or something; firm trust; the state of feeling certain about the truth of something." (Wikipedia).

Ohne erfolgreiche Wahrheitstests von Daten kann es weder eine überzeugende Bedeutung (cognitive significance) dafür, noch eine rationale Überzeugung davon als Voraussetzung für rationales Entscheiden oder Handeln geben. Wir müssen in diesem Zusammenhang allerdings zwischen Verifikation and Falsifikation wie folgt unterscheiden, weil rationale Überzeugung von der Art und Qualität der vorhandenen Daten abhängt:

Allgemein ausgedrückt unterliegt eine Hypothese der Verifikation durch die Entdeckung von jeglichem Beweismaterial, das die Wahrheit unterstützt oder bestätigt. Streng ausgedrückt ist Verifikation der Prozess, die Wahrheit eines Satzes durch seine Deduktion von einem logisch zusammenhängenden, begrenzten Satz von Aussagen zu deduzieren, die die Ergebnisse von wirklichen Beobachtungen und Experimenten beschreiben, besonders, wenn Beobachtungssätze für unkorrigierbar gehalten werden. Ebenso ist Falsifikation der Prozess, die Falschheit eine Satzes mit derselben Methode zu bestimmen. Wenn Beobachtungssätze fehlbar sind, dann sind keine synthetischen Sätze[44] verifizierbar oder falsifizierbar im absoluten Sinne, selbst wenn sie, in einem relativen Sinne, noch als verifizierbar oder falsifizierbar in Bezug zu anderen Beobachtungssätzen gesehen werden können, deren Wahrheit als selbstverständlich betrachtet wird. (Fetzer und Almeder, 1993: 140).[45]

Die folgenden Zitate mögen die erkenntnistheoretische Situation nochmals verdeutlichen:

Allgemein ausgedrückt ist eine Hypothese [ein Satz oder sind Daten] verifizierbar, wenn sie unter passenden Bedingungen als wahr (oder wahrscheinlich wahr) belegt werden können. Jedoch ist streng ausgedrückt ein Satz [nur] verifizierbar, wenn er nicht analytisch[46] ist, sondern von einer Menge logisch konsistenter endlicher Sätze, welche die Resultate möglicher Beobachtungen oder Experimente sind, deduzierbar ist. Verschiedene Sätze können verifiziert oder falsifiziert werden. Zum Beispiel sind existenzielle Verallgemeinerungen[47] verifizierbar, aber nicht falsifizier-

---

[44]   Synthetische Sätze sind „Tatsachen" (Hume) bzw. „Informationen über die Welt" (Kant).

[45]   Broadly speaking, an hypothesis is subject to verification by the discovery of any evidence that supports or confirms its truth. Strictly speaking, *verification* is the process of establishing the truth of a sentence by deducing it from a logically consistent, finite set of sentences that describe the results of actual observations and experiments, especially when observational sentences are taken to be incorrigible. Likewise, *falsification* is the process of establishing the falsity of a sentence by the same method. If observation sentences are fallible, then no synthetic sentences turn out to be verifiable or falsifiable in an absolute sense, even if, in a relative sense, they may still be viewed as verifiable or falsifiable in relation to other observation sentences whose truth is taken for granted. (Fetzer and Almeder, 1993: 140).

[46]   Sätze sind analytisch, „wenn (1) ihre Prädikate in ihren Subjekten enthalten sind; (2) sie logische Wahrheiten sind oder zu logischen Wahrheiten reduziert werden können, wenn Synonyme durch Synonyme ersetzt werden; andernfalls (3) ihre Negationen widersprüchlich sind". (Fetzer und Almeder, 1993: 5).

[47]   „Jeder Satz der Form, einige *A* sind *B*s oder allgemeiner, jeder Satz, der die Existenz wenigstens eines Dinges irgendeiner Art behauptet." (Fetzer und Almeder, 1993: 49).

bar, während universelle Verallgemeinerungen[48] *falsifizierbar, aber nicht verifizierbar sind. (Fetzer und Almeder, 1993: 139).*[49]

Beispielsweise können Metadaten als Kriterien für Wahrheit und Falschheit von Objektdaten benutzt werden, wenn sich aus dem Kontext Bestätigungen oder Widersprüche ergeben. Fehlende oder mangelhafte Metadaten bedeuten, dass Informationen „unterbestimmt" (vgl. Newton-Smith (2000)) sind, d.h. dass nicht genügend Argumente (Daten) vorhanden sind, um sie zu falsifizieren oder zu verifizieren.

Allgemein ausgedrückt ist ein Satz falsifizierbar, wenn unter passenden Bedingungen gezeigt werden kann, dass er falsch (wahrscheinlich falsch) ist. Streng ausgedrückt ist ein Satz jedoch falsifizierbar, wenn er nicht widersprüchlich ist, aber seine Verneinung ableitbar ist von einer logisch konsistenten begrenzten Menge von Aussagen, welche die Ergebnisse von möglichen Beobachtungen und Experimenten sind. (Fetzer und Almeder, 1993: 59).[50]

Seit Karl Popper bedeutet Prüfbarkeit Falsifizierbarkeit (Popper (1994):108) von Hypothesen, Theorien oder Vermutungen. Wir unterscheiden nun zwischen ernsthaften aber erfolglosen Falsifizierungsversuchen als Korroborationen und Bestätigungen (confirmations).

Jeder ernsthafte aber erfolglose Versuch, zu zeigen, dass eine Hypothese oder Theorie falsch ist, qualifiziert ihn als bekräftigendes Beweismaterial... Es ist jedoch wichtig zu erkennen, dass Bekräftigung (Corroboration) eine Form induktiver Schlussfolgerung ist, wobei jede Hypothese oder Theorie, egal wie stark bekräftigt, sich als falsch erweisen kann. (Fetzer und Almeder, 1993: 30)[51]

Der Versuch, induktive statistische Methoden als Definitionskriterium für Big Data zu bestimmen (s. FN 21), ist nicht nur ein Kategoriefehler und wenig überzeugend, weil er nicht den Kern unserer Fragestellung trifft: Schließ-

---

[48] „Jede Verallgemeinerung der Form, ,Alle As sind Bs' oder allgemeiner, jeder Satz, der eine Eigenschaft oder ihre Abwesenheit jedem Mitglied einer Referenzklasse zuschreibt." (Fetzer und Almeder, 1993: 138). Broadly speaking, a sentence is [or data are] verifiable, when, under suitable conditions, it [they] could be shown to be true (probably true). Strictly speaking, however, a sentence is verifiable when it is not analytic but deducible from a logically consistent, finite set of sentences that describe the results of possible observations and experiments. Different classes of sentences can be verified or falsified. For example, existential generalizations are verifiable, but not falsifiable, while universal generalizations are falsifiable but not verifiable. (Fetzer and Almeder, 1993: 139 – footnotes added).

[50] Broadly speaking, a sentence is falsifiable when, under suitable conditions, it could be shown to be false (probably false). Strictly speaking, however, a sentence is falsifiable when it is not contradictory but its negation is deducible from a logically consistent, finite set of sentences describing the results of possible observations and experiments. (Fetzer and Almeder, 1993:S. 59)

[51] Any serious but unsuccessful attempt to show that a hypothesis or theory is false qualities as evidence that corroborates it... It is important to note, however, that corroboration is a form of inductive inference, where any hypothesis or theory, no matter how strongly corroborated, might turn out to be false. (Fetzer and Almeder, 1993: S. 30).

lich werden nicht nur *Small-Data* über deskriptive statistische Methoden induktiv ausgewertet, sondern auch *Big Data* mithilfe deskriptiver statistischer Methoden behandelt, um z.B. Durchschnitts- und Verteilungswerte zu erhalten. Beispielsweise wurden deskriptive statistische Methoden erfolgreich zum Erkennen von Wahlbetrug innerhalb von Big-Data-Beständen angewandt (SZ vom 27.9.2012).

Stattdessen sind die Wissenskategorien und -Methoden Induktivismus, Deduktivismus und Abduktionismus erkenntnistheoretisch klar zu unterscheiden. Sie implizieren unterschiedliche Methoden der Datenanalyse oder Datensynthese und begrenzen auch die Art der möglichen Dateninterpretationen:

Während Induktivismus Schlussfolgerungen von Stichproben zu Gesamtheiten und Deduktivismus Schlussfolgerungen von Observiertem zu Nicht-Observiertem erklären kann, kann lediglich Induktivismus Schlussfolgerungen von der Vergangenheit zur Zukunft erklären. Die pragmatische Rechtfertigung des Induktionsaxioms (straight rule) kann nicht aufrechterhalten werden, weil es keinen Grund dafür gibt, zu glauben, dass die Weltgeschichte für immer weitergehen wird. Und selbst, wenn sie weiterginge, könnten wir niemals wissen, dass die relativen Häufigkeiten, die wir beobachten, selbst ungefähr nahe der Grenzwerte sind, die wir daraus folgern. Die Lösung des Induktionsproblems muss auf der ontischen Vorstellung von Zufälligkeiten basieren.
Was die Einzelfall-Propensität letztlich liefert, ist eine Erklärung von Naturgesetzen, die zutrifft unabhängig davon, ob die Geschichte der Welt kurz oder lang ist. Selbst wenn die Welt ist wie wir glauben im Hinblick auf die Naturgesetze, bleibt es logisch möglich, dass die Zukunft nicht ähnlich der Vergangenheit in genau jenen Beziehungen sein könnte, aber falls die Welt so ist, wie wir glauben im Hinblick auf Naturgesetze, ist es physisch nicht möglich, dass die Welt nicht der Vergangenheit in genau jenen Beziehungen ähnelt, was die stärkste Lösung des Induktionsproblems zu sein scheint, die empirische Verfahren liefern können. (Fetzer 2010: 349-350). [52]

---

[52]   While inductivism can account for inferences from samples to populations and deductivism can account for inferences from the observed to the unobserved, only abductivism can account for inferences from the past to the future. The pragmatic vindication of the straight rule [of enumerative induction] cannot be sustained, because there is no reason to believe that the world history will go on forever. And, even if it did, we could never know that the relative frequencies we observe are even roughly close to the values of the limits we infer. The solution to the problem of induction must be based upon an ontic conception of randomness.
What the single-case propensity account ultimately supplies is an account of natural laws that applies whether the history of the world is short or long. Even if the world *is* as we believe it to be with respect to the laws of nature, it remains logically possible that the future might not resemble the past in those very respects, but *if* the world is as we believe it to be with regard to natural laws, it is not physically possible that the world might not resemble the past in those same respects, which appears to be the strongest solution to the problem of induction that empirical procedures are able to provide. (Fetzer, 2010: 349-350).

Jetzt bleibt noch zwischen dem *Kontext der Entdeckung* (context of discovery) und dem *Kontext der Rechtfertigung* (context of justification) zu unterscheiden, weil sie Einfluss auf die kognitive Prozessfolge und die jeweiligen Methoden für Schlussfolgerungen haben (s. auch Fetzer, 1990: 95-104 und Fetzer, 1993: 169-173):

> *Wenn wir „Denken" mit dem Kontext der Entdeckung und „Argumentieren" mit dem Kontext der Rechtfertigung identifizieren, dann ist es tatsächlich korrekt, dass logisches Argumentieren nicht genügend flexibel ist, um als eine Grundlage für Denken zu dienen. Aber daraus folgt nicht, dass logische Konsistenz und deduktive Geschlossenheit deswegen Eigenschaften sind, die in Kontexten von Argumentation im Allgemeinen weder vorhanden noch wünschenswert sind.*[53]

- Induktivismus ist eine Prozessfolge von Beobachtung, Klassifikation, Verallgemeinerung und Vorhersage und vom *modus ponens* bestimmt:
  Wenn *m/n* beobachtete *As Bs* sind, schließe (induktiv), dass *m/n As Bs* sind, vorausgesetzt, dass eine passende Anzahl von *As* unter passend unterschiedlichen Bedingungen beobachtet worden sind.
- Deduktionismus ist eine Prozessfolge von Vermutung, Ableitung, Experimentation und Eliminierung und vom *modus tollens* bestimmt:
  Gegeben sei „wenn *p* dann *q*" und „nicht-*q*", schließe (deduktiv) „nicht-*p*", wo „*p*" für eine spezifische Theorie und „*q*" für die Ergebnisse passend unternommener Beobachtungen oder Experimente steht.
- Abduktivismus ist gekennzeichnet durch die Prozessfolge Rätselhaftigkeit, Spekulation, Anpassung und Erklärung und durch die Methode *Schlussfolgerung zur besten Erklärung* charakterisiert als:
  Auswahl einer von mehreren Hypothesen als die beste Erklärung für das vorhandene Beweismaterial. Hypothesen, die mehr das vorhandenen relevante Beweismaterials erklären, sind jenen vorzuziehen; solche, die weniger erklären, können aber auch akzeptabel sein. Hypothesen, die inkompatibel mit dem Beweismaterial sind, werden als falsch zurückgewiesen, aber sie können auch falsch sein, wenn sie akzeptabel sind. Die Schwierigkeit dieser Methode ist, dass jede relevante Alternative Beachtung findet. (Fetzer und Almeder (1990), S. 1)

Offensichtlich ist die abduktivistische Methode ein Favorit bei der Auswertung von Big Data. Allerdings müssen dabei „alle Karten auf den Tisch", wenn die Ergebnisse glaubhaft sein und Vertrauen einflössen sollen!

---

[53] If we identify "thinking" with the context of discovery and "reasoning" with the context of justification, then it is indeed correct that logical reasoning is not sufficiently flexible to serve as a foundation for *thinking*. But it certainly does not follow that logical consistency and deductive closure are therefore properties that are neither available nor desirable within the contexts of reasoning in general. (Fetzer, 1990: 231-232).

Die kritische Big-Data-Analyse unterscheidet sich also von traditioneller Datenprüfung und allgemeiner Informationsprüfung dadurch, dass die Daten daraufhin getestet werden, ob sie genügend relevante, wahre und wenn möglich vollständige Auskunft über die Bedeutung der vernetzten Daten im jeweiligen Kontext geben und sich sinnvolle Hypothesen formulieren oder falsifizieren lassen. Erst dann ist eine darauf aufbauende Auswahl als „beste Erklärung" möglich. (Für weitere Details s. James H. Fetzer „Propensities and Frequencies: Inference to the Best Explanation"in: Eells and Fetzer (eds.) 2010: 323-351).

7 Fazit

Big Data (ohne ausreichende Erklärungen) ist auf Grund der „schwachen" englischsprachigen „Definitionen und der ideologischen Orientierung (altruistisch bzw. naiv teilend [sharing] oder kapitalistisch bzw. kriminell ausbeutend) nicht geeignet, erhöhte Objektivität, Transparenz und Vertrauen in davon abgeleitete Informationen als kritisches, d.h. rationales Wissen zu schaffen". Mehrdeutige, ungenaue und ungeschützte Daten jeder Art sind ohne erkenntnistheoretische Fundierung und ohne ethische Verpflichtung ihrer Anwender und Benutzer ein großer Risikofaktor für die Welt im 21. Jahrhundert. - Alles, was programmierbar ist, braucht längst nicht wahr zu sein!

> *Das Problem ist, dass unsere Lebensweise völlig vermittlungsabhängig durch Bildschirme und andere Technologien ist, die, obwohl sie den Anschein von Transparenz geben, in Wirklichkeit aber von anderen programmiert, kontrolliert und betrieben werden. Schlimmer, keiner von uns hat eine verrückte Ahnung, wie irgendetwas davon funktioniert. (Goodman, 2015: 165).*[54]

Andererseits enthält gerade die englischsprachige Literatur zur modernen Wissenschaftstheorie – wie gezeigt - wesentliche Erkenntnisse, Kriterien und Methoden, die wir anwenden können, um der Big-Data-Ideologie rational zu begegnen.

---

[54] The problem is that we are leading lives fully intermediated by screens and other technologies that, although they give the appearance of transparency, are in fact programmed , controlled, and operated by others. Worse, none of us have a freaking clue as to how any of it works. (Goodman, 2015: 165).

8 Prüfungsimplikationen

Die Wahrheit von Daten und Metadaten aus erkenntnistheoretischer Sicht, ihr physischer Schutz und ihre Sicherheit vor zufälliger oder krimineller Verfälschung muss kritisch beurteilt werden, wenn sie von jemandem geglaubt und zu Entscheidungen und Handlungen benutzt werden sollen. Daten und Metadaten sind folglich syntaktisch und semantisch so zu beschreiben, dass sie von Dritten kritisch auf ihre Wahrheit und Bedeutung hin im jeweiligen Wissenskontext getestet werden können.

Dafür sind im digitalen Zeitalter Metasprachen (wie z.B. ACL) notwendig, die mächtig genug sind, um die Ausdrücke in den jeweiligen Objektsprachen der Datenermittler und ihrer Technologie falsifizieren bzw. korroborieren zu können. Bestätigungen (confirmations) von sogenannter Rechtmäßigkeit (compliance) oder „beste Praktiken" (best practices) sind oft zu unkritisch und unterliegen den Nachteilen der kollektiven Wahrheitstheorie. In gewisser Weise droht auch das Big-Data-Phänomen ein „Opfer" der kollektiven Wahrheitstheorie zu werden, wenn wir uns nicht rational und stark gegen die ideologischen Ströme stemmen. Small-Daten-Prüfung ist demnach Voraussetzung für Big-Daten-Prüfung, weil Daten als Aussagen über die Welt im allgemeinen oder über eine bestimmte Umwelt im Besonderen klare und wahre Bedeutung haben müssen, ehe sie sinnvoll vernetzt werden können oder sollten, um die obigen Fragen beantworten zu können. Ohne kritische Fragen im jeweiligen Erfahrungsrahmen oder Kontext sind auch Antworten im Hinblick auf Rechtmäßigkeit (compliance) oft unglaubwürdig. Wie bei allen Governance-Problemen gehört kritische und technologische Prüfbarkeit auch zur überfälligen „Daten-Governance" (Hua, 2013) -insbesondere für Big Data.

9 Zusammenfassung und Schluss

Solange das Big-Data- Phänomen euphemistisch als „zentralisiert vernetzte große Datenbestände" bezeichnet wird, in Wirklichkeit aber als handelbares Wirtschaftsgut in den Händen von Informationstechnologen bzw. mächtigen IT-Konzernen oder staatlichen Behörden mit ungebändigter Neugierde und Technologie sind, und weder Datenobjekte noch Datensubjekte verlässlich als wahr oder falsch beschrieben oder dargestellt und geschützt werden können, kann weder die Objektivität, noch die Transparenz und schon gar nicht das Vertrauen unter kritischen Menschen erhöht werden. Ganz im Gegenteil! Im Namen von falsch verstandener Objektivität und Transparenz werden „Aufklärung", „ewige Aufklärbarkeit" und die „Lösung aller unserer Probleme" suggeriert, die nicht mehr durch kritische Rationalität, sondern durch pragmatisches Dogma charakterisiert sind. Wir sind auf dem digitalen Holzweg und es herrscht intellektuelles Chaos; wir sind Sklaven von hochmütigen Daten- und Informationstechnologen geworden, die sich unserer Daten als wirtschaftliche Ressourcen sowohl analytisch als auch synthetisch bedienen, ohne dafür rechenschaftspflichtig zu sein. Selbst die auf diese Weise zu ermittelnden Steuern werden nicht mehr national zugunsten der steuerzahlenden Datensubjekte erhoben, sondern in „Steuer-Himmeln" (tax heavens) minimiert und hohen Kapitalwerten zugespielt. Die Reichen werden dadurch immer reicher und den Armen fehlt der digital verbaute Durchblick durch das ständig wachsende Datennetz, in dem kein Platz mehr für unabhängiges Denken, eine Privatsphäre und damit Freiheit besteht, und aus dem es kein Entrinnen mehr zu geben scheint. Goodman ist sogar so alarmiert, dass er ein „Manhatten Project for Cyber" vorschlägt (Goodman, 2015: 388-390). Der naive oder verblendete Glaube an die „künstlich intelligenten Algorithmen" der IT-Technokraten und -Kontrolleure wird zum Dogma einer naiven Post-Hippie Sharing-Ideologie bzw. einer unersättlich-kapitalistischen (und möglicher Weise kriminellen) Big-Data-Ideologie. Es scheint keinen Platz mehr für rationale Kritik, Fairness und Ethik zu geben, sondern nur noch um ökonomische und politische Macht zu gehen, die durch „moderne" (undurchsichtige) Informationstechnologie ermöglicht und „gesichert" ist. – Es ist allerhöchste Zeit, ethische, erkenntnis- und wissenschaftstheoretische Kriterien und Methoden anzuwenden und kritische Überlegungen zum Big-Data-Phänomen (oder Big-Data-Phantom?) anzustellen und sie rational zu diskutieren!

10 Literaturverzeichnis

Eells, Ellery und Fetzer, James H., eds. (2010): *The Place of Probability in Science.* Dordrecht London Heidelberg New York: Springer.

Fetzer, James H. (1990): *Artificial Intelligence: Its Scope and Limits.* Dordrecht, The Netherlands: Kluwer Academic Publishers.

Fetzer, James H. (1993): *Philosophy of Science.* New York: Paragon.

Fetzer James H. und Almeder, Robert F. (1993): *Glossary of Epistemology/Philosophy of Science.* New York: Paragon House.

Goodman, Marc (2015): *Future Crimes: Everything is connected, everyone is vulnerable, and what we can do about it.* Doubleday Canada.

Herde Georg und Töller, Ernst-Rudolf (2013): „Sind uns Hören und Sehen vergangen? - Stellenwert und Wahrnehmung digitaler Unternehmensdaten." In: Deggendorfer Forum zur Datenanalyse e.V. (Hrsg.): *Big Data – Systeme und Prüfung.* Berlin: Erich Schmidt Verlag.

Hua, Jing-Shiuan, (2013): "An Innovative Framework of Data Governance." (Ph.D. thesis, Institute of Information Management, National Chung Cheng University, Taiwan).

Kaeser (2015): „Wissenschaftlicher Größenwahn." Neue Züricher Zeitung vom 10.1. 2015.

Newton-Smith (2000), William H.: "Underdetermination of Theory by Data." In: *A Companion to the Philosophy of Science.* Edited by W.H Newton-Smith, Oxford, S. 532-536.

Popper, Karl R. (1994): *Ausgangspunkte: Meine Intellektuelle Entwicklung.* Hamburg: Hoffmann und Campe Verlag.

Popper, Karl R. (1994): *Alles Leben ist Problemlösen: Über Erkenntnis, Geschichte und Politik.* München und Zürich: Piper, Süddeutsche Zeitung vom 27.9.2012.

Tetens, Holm (2013): *Wissenschaftstheorie: Eine Einführung.* München: C.H. Beck Verlag.

Will, H. (2006): "Knowledge management and administration depend on semiotic information systems." *International Journal of Management and Decision Making,* 7(1), 36-57.

Rechnungslegungsbasierte Unternehmensbewertung unter Einbezug unstrukturierter Informationen – ein Markovkettenansatz

Dr. David Christen,
Dr. Markus Grottke,
Martin Landvoigt

Inhaltsübersicht

1 Problemstellung

In steigendem Maße operieren Unternehmen mit immateriellen Werten, welche sich durch einen fehlenden Ansatz auf der Aktivseite der Bilanz auszeichnen. Studien zu kapitalmarktorientierten Unternehmen haben hierbei darauf hingewiesen, dass regelmäßig eine Wertlücke von durchschnittlich bis zu 80% entstehen kann. Mit anderen Worten können nur noch 20% eines Marktwertes eines Unternehmens anhand der Aktiva und Passiva des Rechnungswesens erklärt wären, während für 80% des Wertes auf Informationen über andere nicht aktivierte Werte zurückzugreifen ist (Abela, 2014). Eine Unternehmensbewertung muss sich darum bewusst mit derartigen „weichen" und oft schwer in ihrer Wirkung auf den Gewinn einzuschätzenden Größen auseinandersetzen.

Gegenüber der Bewertung börsennotierter Unternehmen, bei denen – ob nun glaubwürdig oder nicht – zumindest marktbasierte Informationen vorhanden sind, die zu einer Validierung ermittelter Unternehmenswerte herangezogen werden können, sind bei nicht börsennotierten Unternehmen Unternehmenswertbestimmungen noch einmal zusätzlich erschwerten Bedingungen ausgesetzt. Gleichzeitig werden – neben den schon immer anfallenden Unternehmensbewertungen bei Eigentümerwechseln, Fusionen, Spaltungen, Zuführungen von Eigen- oder Fremdkapital, Börsengang oder Management Buy Out etc. (vgl. IDW S 1 2.2, Tz. 8) – zunehmend auch im Rahmen der externen Unternehmensrechnung in regelmäßigen Abständen vorzunehmende Unternehmensbewertungen üblich. Gerade wenn mittelständische Unternehmen von börsennotierten Konzernen gehalten werden, welche auf Basis von IFRS bilanzieren, sind jährliche Unternehmensbewertungen, z.B. bei den Wertbestimmungen von zahlungsmittelgenerierenden Einheiten gem. IAS 36.35 sowie wohl oft auch im Rahmen der Fair Value Bewertung von Anteilen an nicht börsennotierten Unternehmen gem. IFRS 9 B5.5-B5.7 unumgänglich. Gerade in solchen Fällen wäre eine Unternehmensbewertung, welche auf – ggf. um gesellschaftsrechtliche Einflüsse zu modifizierende – quantitative wie qualitative Rechnungslegungsdaten der externen Unternehmensrechnung zurückgreifen kann, besonders wünschenswert. Der folgende Beitrag offeriert eine praktikable Lösung, um solche Unternehmensbewertungen mit relativ geringen Datenvoraussetzungen fundiert vorzunehmen und zeigt gleichzeitig, auf welche Weise bei der Unternehmensbewertung zudem bedeutsame qualitative Erkenntnisse in den Bewertungsprozess einbezogen werden können.

Vorgegangen wird wie folgt. Zunächst wird entfaltet, auf welcher theoretischen Basis sich überhaupt anhand von Rechnungslegungsinformationen eine

Unternehmensbewertung vollziehen lässt. Dazu wird auf das bekannte Unternehmensbewertungsmodell von James A. Ohlson (1995) zurückgegriffen. Nach einer Exposition der theoretischen Bewertungsbasis wird Schritt für Schritt anhand der exemplarischen Bewertung von BMW mit Hilfe des besagten Modells aufgezeigt, wie weit das rein rechnungslegungsbasierte Modell reicht, wie es umzusetzen ist und welche Defizite die bislang vorliegende Bewertung hinsichtlich des Einbezugs von unstrukturierten, nicht quantitativen Informationen aufweist. Dann wird das Modell von Christen und Grottke (2015) vorgestellt, welches sich dieser Defizite annimmt und damit den Einbezug der besagten qualitativen Informationen erlaubt. Die theoretisch abgeleiteten Resultate werden zuletzt exemplarisch anhand der Wertermittlung von unstrukturierten Informationen illustriert und diskutiert. Ein kurzer Ausblick auf die Möglichkeiten des letzteren Modells, insbesondere vor dem Hintergrund der im Rahmen von Big Data-Verfahren verfügbar werdenden Datenmassen schließt den Beitrag.

2 Das theoretische Fundament der rechnungslegungsbezogenen Unternehmensbewertung

Das theoretische Fundament einer rechnungslegungsbasierten Unternehmensbewertung greift zunächst auf das rein monetäre Kalkül eines Alleineigentümers zurück, welcher ein Unternehmen letztlich auf Basis des Gegenwartswerts derjenigen Nettoausschüttungen nach Einlagen bewertet, die er aus diesem Unternehmen erwartet.

Dieses Kalkül findet sich nicht nur im aktuellen IDW S 1 4.4.1.1, Tz 24, sondern auch bereits bei Williams im Jahre 1938, dessen berühmt gewordener Bewertungssatz lautet:

"Earnings are only a means to an end, and the means should not be mistaken for the end. Therefore we must say that a stock derives its value from its dividends, not its earnings. In short, a stock is worth only what you can get out of it. Even so spoke the old farmer to his son: A cow for her milk, a hen for her eggs, and a stock, by heck for her dividends. An orchard for fruit, bees for their honey, and stocks, besides for their dividends..."
John Burr Williams, The Theory of Investment Value, 1938

Formal lässt sich dieses Kalkül bei Bewertung zu einem beliebigen Zeitpunkt t wie folgt fassen:

$$V_t = \sum_{\tau=t}^{\infty} \frac{E(D_{\tau} + 1 | A_t)}{(1 + r)^{\tau - t + 1}}$$

wobei die fraglichen Symbole wie folgt definiert sind:

V_t ...Unternehmenswert im Zeitpunkt t
$D_{\tau} + 1$ ...Dividende, welche aus Sicht von t τ+1 Zeitpunkte entfernt ist
r ...konstanter sicherer Zinssatz
A_t ...Informationsstand zum Zeitpunkt t, auf dessen Basis die zukünftigen Dividenden geschätzt werden.
$E(.)$ ...Erwartungswertoperator

Hierdurch wird ein direkter Anknüpfungspunkt zu einer auch im Geschäftsbericht eines Unternehmens regelmäßig angeführten Größe geschaffen. Die Beziehung dieser Größe zu Rechnungslegungsdaten und damit der entscheidende Brückenschlag wird durch das Kongruenzprinzip hergestellt (vgl. auch Anhang A). Dieses besagt, dass die Differenz zwischen dem Eigenkapital des aktuellen Jahres (B_t) und dem Eigenkapital des Vorjahres B_{t-1} allein auf Erfolge (G_t)bzw. auf gesellschaftsrechtlich bedingte Einlagen/Ausschüttungen mit dem Eigner (D_t) zurückzuführen ist:

$$B_t = B_{t-1} + G_t - D_t$$

Transformiert man nun auf Basis des Kongruenzprinzips wie folgt:

$$D_t = B_{t-1} + G_t - B_t$$

dann lassen sich die erwarteten Dividenden durch einen neuen Term auf der linken Seite der Gleichung ersetzen, d.h.

$$V_t = \sum_{\tau=t}^{\infty} \frac{E(B_{t+\tau-1} + G_{t+\tau} - B_{t+\tau}|A_t)}{(1+r)^{\tau-t+1}}$$

d.h.

$$V_t = \sum_{\tau=t}^{\infty} \frac{E(B_\tau + G_{\tau+1} - B_{\tau+1}|A_t)}{(1+r)^{\tau-t+1}}$$

Nach einigen Beweisschritten (vgl. Anhang B) erhält man dann folgende Darstellung Unternehmenswertes auf Basis des Residualgewinns (vgl. auch Dechow/Hutton/Sloan 1999, S. 3-4):

$$V_t = B_t + \sum_{\tau=t}^{T} \frac{E(RG_{\tau+1}|A_t)}{(1+r)^{\tau-t+1}} + \sum_{\tau=T+1}^{\infty} \frac{E(RG_{\tau+1}|A_t)}{(1+r)^{\tau-t+1}}$$

Ein Residualgewinn (RG) bezeichnet hierbei den Übergewinn, der über die Erwirtschaftung der Kapitalkosten auf das eingesetzte Kapital (hier des sicheren Zinssatzes auf den Buchwert der Vorperiode) hinaus verdient wurde. Und da Übergewinne nicht ewig anhalten gilt:

$$\sum_{\tau=T}^{\infty} \frac{E(RG_{\tau+1}|A_t)}{(1+r)^{\tau-t+1}} \approx 0$$

Erreicht hat man hiermit zunächst einen Ausdruck, welcher bis auf den anzuwendenden Zinssatz alle Größen zur Unternehmensbewertung aus Geschäftsberichten extrahieren kann.

Die Leistung des weltweit bekannt gewordenen Modells von Ohlson (1995) besteht nun darin, den zukünftigen Residualgewinn so zu modellieren, dass eine Berechnung des Unternehmenswertes allein anhand von den aktuellen und nur den aktuellen Rechnungslegungsgrößen, d.h. gewissermaßen allein eines einzigen Geschäftsberichts möglich wird. Um dies zu erreichen, formuliert er eine Informationsdynamik, welche eine Projektion des Residualgewinns über die Zeit einerseits und eine Projektion anderer über die Zahlen des Rechnungswesens hinausgehender, ebenfalls jedoch kardinal skalierter (d.h. quantitativ messbarer) anderer Informationen des Geschäftsberichts andererseits anhand von sogenannten autoregressiven Prozessen erster Ordnung vornimmt. Unter derartigen Prozessen versteht man, dass sich eine bestimmte Größe in einer bestimmten Periode durch die Ausprägung dieser Größe in der Vorperiode versehen mit einer gewissen Gewichtung (sog. Persistenzparameter) sowie „verrauscht" um ein gewisses Zufallselement erklärt und entsprechend auch in Form einer Zeitreihe fortprojizieren lässt. Die beiden Prozesse, welche Ohlson für die Projektion zugrunde legt, sind wie folgt ausgestaltet:

$$RG_{t+1} = \omega \cdot RG_t + v_t + \sigma_1 \cdot \varepsilon_{1,t}$$
$$v_{t+1} = \gamma \cdot v_t + \sigma_2 \cdot \varepsilon_{2,t}$$

Hierbei sind die fraglichen Symbole wie folgt definiert:

v_t...kardinal skalierte andere Informationen
γ, ω...Persistenzparameter
$\sigma_i \forall i = 1,2$...Schwankungsbreite
$\varepsilon_{i,t}$ ...Zufalls variable mit $E\{\varepsilon_{i,t}\} = 0; var\{\varepsilon_{i,t}\} = 1 \forall i = 1,2 \forall t = 1,2, ... \infty$

Inhaltlich bewirken die beiden autoregressiven Prozesse folgendes. Der erste Prozess modelliert, inwieweit sich der für die jeweilige Folgeperiode zugrunde zu legende Residualgewinn zusammensetzt. Dies wird hierbei so modelliert, dass einerseits ein gewisses *Trägheitsmoment* eines Residualgewinns besteht, dieser mit anderen Worten zu einem gewissen Anteil ω in der Folgeperiode erneut auftritt. Andererseits kommen bekannte zusätzliche Informationen (v_t) zum Tragen, welche im aktuellen Residualgewinn noch nicht abgebildet wurden (beispielsweise Prognoseinformationen, Konjunkturdaten, etc.) und zuletzt wird dem Zufall Rechnung getragen. Hierbei wird angenommen, dass der Zufall keine systematisch nach oben oder unten abweichende Komponente enthält, d.h. im Erwartungswert keine Auswirkungen hat.

Der zweite Prozess wiederum modelliert, dass auch die anderen prognosefähigen zusätzlichen Informationen (v_t) Prognosekraft über den Residualgewinn der Folgeperiode hinaus aufweisen. Diese Prognosekraft kann jedoch abweichen, weshalb ein zusätzlicher Persistenzparameter γ eingeführt wird. Erneut gilt, dass auch die andere Information durch zum aktuellen Zeitpunkt nicht vorhersehbare Zufallseinflüsse geprägt ist, welche analog zu den Zufallseinflüssen des ersten Prozesses im Erwartungswert wiederum keine Auswirkungen haben.

Der Vorteil der von Ohlson gewählten Modellierung ist, dass sich auf dieser Basis für einen risikoneutralen Investor eine Bewertungsformel ermitteln lässt (vgl. zur Herleitung Anhang C), welche allein auf heute bekannten Größen basiert:

$$V_t = B_t + \left\{\frac{\omega}{1+r-\omega}\right\} \cdot RG_t + \left\{\frac{1+r}{1+r-\omega}\right\} \cdot \left\{\frac{1}{1+r-\gamma}\right\} \cdot w_t$$

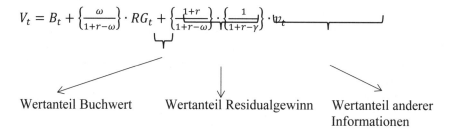

Wertanteil Buchwert   Wertanteil Residualgewinn   Wertanteil anderer
                                                            Informationen

Deutlich wird an dieser Wertformel dreierlei.
Zum Ersten gilt, dass sich der Unternehmenswert in diesem Modell aus drei verschiedenen Quellen speist: Buchwert, gewichteter Wert des aktuellen Residualgewinns und gewichteter Wert der aktuell beobachtbaren anderen Informationen.

Bereits die Formel lässt zum Zweiten (durchaus erwartbar) den Schluss zu, dass je besser der heutige Residualgewinn prognostizierbar ist (ω) desto mehr Wertanteil dem Residualgewinn zukommt.

Zuletzt gilt hinsichtlich der anderen Informationen, dass diese zum Einen (erster Teil des Gewichtungsfaktors, Nenner) ebenfalls positiv von ω abhängen, dass aber zusätzlich zum Zweiten (zweiter Teil des Gewichtungsfaktors, Nenner) auch die Höhe des Persistenzparameters γ positiven Einfluss auf den Wertanteil der anderen Informationen nimmt.

3 Ein einfaches Anwendungsbeispiel zur Ermittlung eines rechnungslegungsbezogenen Unternehmenswertes

Im Folgenden soll anhand eines Bewertungsbeispiels aufgezeigt werden, wie sich die in der Bewertung angeführten Größen konkret ermitteln lassen. Hierbei wird Schritt für Schritt vorgegangen, um den gesamten Bewertungsprozess nachvollziehbar zu gestalten.

Als Beispielunternehmen wird im Folgenden der Bayrische Motorenwerke Konzern herangezogen. Andere öffentliche Informationen werden im vorliegenden Beispiel als die Wechselkursrelationen zwischen Euro und Dollar spezifiziert, da diese in der Automobilindustrie traditionell eine bedeutende Rolle spielen. Diese werden aus den öffentlich verfügbaren Daten von finanzen.net entnommen. Der Persistenzparameter γ wird also anhand historischer Wechselkurse ermittelt, die finanzen.net entnommen sind. Da die aktuellen Zinsen für die sicheren Anlagen vergleichbare Bundesanleihen am Kapitalmarkt durch die aktuelle die Geldmenge übermäßig expandierende Geldpolitik verzerrt sein dürften, werden die Zinszahlungen im vorliegenden Beispiel vereinfachend mit 4% angesetzt. Der Persistenzparameter ω wird anhand vergangener Rechnungslegungsgrößen von BMW zwischen 1998 und 2014 ermittelt, welche der Datenbank Thomson One Banker entnommen sind. Konkret werden der Datenbank alle notwendigen Rechnungslegungsgrößen der BMW Gruppe entnommen (Gewinn, Buchwert des Eigenkapitals und Dividendenzahlungen).

Die Schätzung des Persistenzparameters γ wird gemäß der oben angeführten folgenden Gleichung vorgenommen:

$$v_{t+1} = \gamma \cdot v_t + \sigma_2 \cdot \varepsilon_{2,t}$$

Die bei der Schätzung zugrunde gelegten, finanzen.net entnommenen Werte sind in der folgenden Tabelle enthalten. Hierbei bezeichnet die erste Spalte das Jahr, die zweite Spalte den Wechselkurs zu Beginn des Jahres und die zweite Spalte den Wechselkurs am Ende des Jahres. Der Regressand befindet sich damit in der zweiten und der Regressor in der dritten Spalte.

Jahr	Wechselkurs Jahresanfang (Regressand)	Wechselkurs Jahresende (Regressor)
1998	1,0872	1,1736
1999	1,1736	1,0064
2000	1,0064	0,9393
2001	0,9393	0,8907
2002	0,8907	1,0488
2003	1,0488	1,2586
2004	1,2586	1,3567
2005	1,3567	1,1839
2006	1,1839	1,32
2007	1,32	1,4599
2008	1,4599	1,3978
2009	1,3978	1,4325
2010	1,4325	1,3391
2011	1,3391	1,2945
2012	1,2945	1,3187
2013	1,3187	1,3743
2014	1,3743	1,2098

Tabelle 1: Daten Wechselkurse \$/€ im Beispiel (Quelle: Finanzen.net)

Regressiert man (ohne Absolutglied) mit den in der Tabelle angegebenen Werten, ergibt sich für den Persistenzparameter γ ein Wert von 1,00088.

Die statistischen Kenngrößen Signifikanz (höchstsignifikant) und Bestimmtheitsmaß, d.h. erklärte Varianz im Verhältnis zu der zu erklärenden Varianz, in Höhe von 99,11% zeigen hierbei auf, dass die Regression ein aus statistischer Sicht sehr valides Ergebnis geliefert hat, weil sie die jeweiligen Werte in den Folgeperioden sehr gut aus den heutigen Werten ableiten kann.

Im zweiten Schritt ist der Persistenzparameter ω und ein Umrechnungsfaktor a der kardinal skalierten Information auf dem Wege einer multivariaten Regression zu bestimmen. Letzterer erweist sich als notwendig, weil die Bedeutung der Wechselkursrelation für die Residualgewinne zunächst in die Einheit umgerechnet werden muss, in der auch die Residualgewinne gemessen werden.

$$RG_{t+1} = \omega \cdot RG_t + a \cdot v_t + \sigma_1 \cdot \varepsilon_{1,t}$$

Die bei der Schätzung zugrunde gelegten Werte sind in der folgenden Tabelle 2 enthalten. Hierbei bezeichnet die erste Spalte das Jahr, die zweite Spalte den Buchwert am Ende des Jahres und die zweite Spalte den Buchwert am Ende

des Vorjahres. Die dritte Spalte gibt die im Jahr ausgezahlte Dividende an. Der Gewinn in der vierten
Spalte ergibt sich dann als Differenz gemäß dem Kongruenzprinzip. Der Regressand, d.h. der Residualgewinn der jeweiligen Periode ergibt sich als Gewinn abzüglich des mit dem sicheren Zinssatz multiplizierten Buchwerts vom Ende des Vorjahres. Der erste Regressor wiederum stellt den um eine Periode verschobenen Regressanden dar. Der zweite Regressor ist der durchschnittliche Wechselkurs des betrachteten Jahres.

Jahr	Bt	Bt-1	Dt	Gt	RGt	RGt-1	$/€
1997	5173762546	-	-	-	-	-	-
1998	6379388802	5173762546	-202982924	1002643332	795692830,2	-	1,0872
1999	3932000000	6379388802	-234000000	-2681388802	-2936564354	795692830,2	1,1736
2000	4896000000	3932000000	-269000000	695000000	537720000	-2936564354	1,0064
2001	10719000000	4896000000	-310000000	5513000000	5317160000	537720000	0,9393
2002	13819000000	10719000000	-350000000	2750000000	2321240000	5317160000	0,8907
2003	16150000000	13819000000	-351000000	1980000000	1427240000	2321240000	1,0488
2004	17517000000	16150000000	-392000000	975000000	329000000	1427240000	1,2586
2005	16973000000	17517000000	-419000000	-963000000	-1663680000	329000000	1,3567
2006	19126000000	16973000000	-419000000	1734000000	1055080000	-1663680000	1,1839
2007	21733000000	19126000000	-458000000	2149000000	1383960000	1055080000	1,32
2008	20265000000	21733000000	-694000000	-2162000000	-3031320000	1383960000	1,4599
2009	19902000000	20265000000	-197000000	-560000000	-1370600000	-3031320000	1,3978
2010	23074000000	19902000000	-197000000	2975000000	2178920000	-1370600000	1,4325
2011	27038000000	23074000000	-852000000	3112000000	2189040000	2178920000	1,3391
2012	30295000000	27038000000	-1516000000	1741000000	659480000	2189040000	1,2945
2013	35455000000	30295000000	-1653000000	3507000000	2295200000	659480000	1,3187
2014	37220000000	35455000000	-1715000000	50000000	-1368200000	2295200000	1,3743

Tabelle 2: Daten zur Ermittlung von ω und a

Regressiert man mit den in der Tabelle angegebenen Werten, ergibt sich für den Persistenzparameter ω und den Umrechnungsfaktor a die Werte von 0,1602 bzw. 261500000.

Die statistischen Kenngrößen Signifikanz und Bestimmtheitsmaß zeigen diesmal auf, dass die Qualität der Regressionsergebnisse äußerst bescheiden ist. So können von der zu erklärenden Varianz mit der vorliegenden Regressionsgleichung gerade einmal 6,07% erklärt werden. Keiner der beiden Regressoren ist signifikant. Statistisch ist darum die folgende Wertermittlung nicht mehr als aussagefähig einzustufen. Vielmehr wäre zu eruieren, welche zusätzlichen Werttreiber den Residualgewinn bestimmten. Aus illustrativen Gründen sei die Bewertung jedoch zunächst bis zum Ende fortgeführt.

Errechnet man nun zunächst den Unternehmenswert der BMW Group, indem man die Werte des Geschäftsberichts 2014 (letzte Zeile aus Tabelle 2) sowie der Wechselkurse (letzte Zeile aus Tabelle 1) entnimmt und neben den gerade ermittelten Größen in die Bewertungsgleichung einsetzt, dann ergibt sich folgender Unternehmenswert:

$$V_t = B_t + \left\{\frac{\omega}{1+r-\omega}\right\} \cdot RG_t + \left\{\frac{1+r}{1+r-\omega}\right\} \cdot \left\{\frac{1}{1+r-\gamma}\right\} \cdot v_t$$

$$V_{BMW2014} = 37.220.000.000$$
$$+ \left\{\frac{0,1602}{1,04-0,1602}\right\} \cdot -1.368.200.000$$
$$+ \left\{\frac{1,04}{1,04-0,1602}\right\} \cdot \left\{\frac{1}{1,04-1,00088}\right\} \cdot 261.500.000 \cdot 1,2098 = 46.530.382.686$$

Gleicht man diesen Wert mit der zum 13.07.2015 vorliegenden Marktkapitalisierung der BMW Group lt. Finanzen.net ab, so stellt man fest, dass der Wert durch das Modell in diesem Fall konservativer geschätzt wird. So beträgt der Wert zu diesem Datum laut finanzen.net 61,57 Mrd. €.

Zunächst einmal unterstreicht der Unternehmenswert des Beispiels die Bedeutung anderer Informationen. So zeigt die folgende Grafik die Zusammensetzung des ermittelten Wertes.

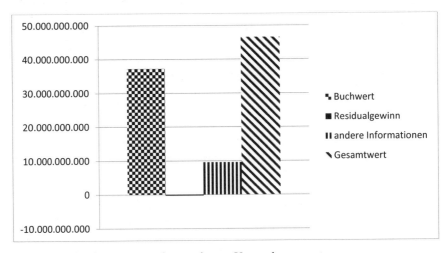

Abb. 1: Die Wertkomponenten des errechneten Unternehmenswertes

Sie zeigt, dass auf den Buchwert 79%, auf die anderen Informationen 20,5% und auf den Residualgewinn -0,5% Wertanteil entfallen.

Nunmehr sei jedoch Ursachenforschung betrieben: Warum lieferte das Modell so bescheidene statistische Werte (und sollte darum wohl auch besser nicht für eine reale Prognose verwandt werden)?

Deutlich wird dies, wenn man ein Backtesting betreibt und einmal vergleicht, inwiefern die mit Hilfe des der Werte des Modells ab dem Jahre 2000 im Erwartungswert resultierenden projizierten Zahlungen (mit und ohne andere Information) den tatsächlich eingetretenen Zahlungen entsprechen (vgl. für diesen Ansatz zur Beurteilung des Ohlson-Modells auch Lo/Lys 2000). Die Projektion zeichnet dabei das folgende Bild:

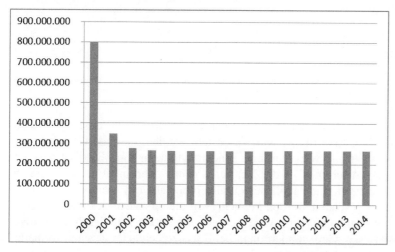

Abb. 2: Residualgewinnentwicklung BMW im Erwartungswert modelliert mit anderen Informationen ab 2000 (auf der y-Achse sind die Werte, auf der x-Achse die Jahre abgetragen)

Sie zeigt den starken Einfluss der guten Projektionsfähigkeit der anderen Informationen (die sich darum in jeder Periode neu auswirken, so dass der jährliche Residualgewinn gegen diese asymptotisch konvergiert).
Ganz anders sieht hingegen die Realisation der Residualgewinne aus, anhand derer die Gleichung ermittelt wurde

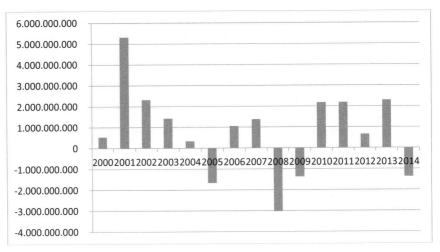

Abb. 3: Residualgewinnentwicklung BMW real ab 2000 – tatsächliche Realisierungen (auf der y-Achse sind die Werte, auf der x-Achse die Jahre abgetragen)

Zwar wirkt ein solcher Vergleich auf den ersten Blick recht unstatthaft, da in dem einen Fall, Erwartungswerte dargestellt werden, im anderen Fall hingegen kein Erwartungswert vorliegt, sondern vielmehr eine Realisation einer Zufallsgröße. Allerdings ist der Vergleich genau dann nicht aufschlussreich, wenn die Realisation genau dieser Zufallsgröße hätte mit geeigneten Informationen sicher geschätzt werden können, weil die Ursachen der real eintretenden Schwankungen bekannt waren – wenn mithin die Zufallsgröße gar nicht zufällig gewesen wäre, sondern man bei Einsatz geeigneter Zusatzinformationen hätte genau schätzen können.[1]

Und in der Tat gibt es gerade bei BMW zahlreiche Ereignisse, bei denen deutliche Auswirkungen auf den Residualgewinn vermutet werden können. So wechselte der Vorstand von Bernd Pischetsrieder in 1999 zu Joachim Milberg und in 2002 von Joachim Milberg auf Helmut Panke sowie von Helmut Panke auf Norbert Reithofer in 2006. In den Jahren 2008 und 2009 hinterließ zudem die Finanzkrise ihre Spuren. Mit der Umstellung von HGB auf IFRS erfolgte wiederum eine starke Änderung der Werte im Rahmen der externen Rechnungslegung. BMW wechselte im Jahr 2000, u.a. um (so das offene Geheimnis) die Verluste des Roverdebakels durch Nutzung der großzügigen Aktivierungsmöglichkeiten des IAS 38 zu verdecken. Derartige Ereignisse zeichnen sich vor allem dadurch aus, dass sie qualitative, unstrukturierte Informationen darstellen, d.h. eben nicht durch eine kardinal skalierte Größe erfasst werden können.

---

[1]   Anderenfalls ließe sich auch eine andere Darstellung wählen, welche dem Charakter der Zufallsgrößen Rechnung trägt. Dann wäre im Rahmen des Backtestings statt des Erwartungswertes ein Kegel der sich auseinander entwickelnden zufälligen Maximal- bzw. Minimalabweichungen um die tatsächlichen Werte herum zu zeichnen.

Die große Stärke des Ohlson-Modells auf einen sehr reduzierten Kreis an Informationsarten zurückzugreifen, genaugenommen lediglich auf Zinssatz, Buchwert, Residualgewinn und eine bestimmte Art kardinal skalierter anderer Informationen, wird hier zur Schwäche, da genau diejenigen Informationen sich nun als potentielle Einflussfaktoren entpuppen die zuvor ausgeblendet wurden.

Zugleich zeigt sich, dass der autoregressive Prozess erster Ordnung ebenfalls stark vereinfachend wirkt: Asymptotisch abnehmende Werte ohne jeden Einfluss periodisch asymmetrisch auftretender Schwankungen erscheinen gerade nicht geeignet die Residualgewinnentwicklung von BMW nachzuzeichnen.
Genau an diesen, bei Inaugenscheinnahme besonders pointiert deutlich werdenden Schwachstellen des Ohlson-Modells setzt das Modell von Christen und Grottke (2015) an, welches den (zusätzlichen) Einbezug anderer Informationen ordinaler und nominaler Skalierung zum Gegenstand hat.

4 Ein Vorschlag zum Einbezug unstrukturierter Informationen: Das Modell von Christen und Grottke (2015)

Grundsätzlich baut das Modell von Christen und Grottke (2015) auf dem Modell von Ohlson auf. Anders als dieses berücksichtigt das Modell jedoch zum einen auch ordinal bzw. kardinal skalierte andere Informationen. Zum anderen modelliert es die Entwicklung dieser anderen Informationen im Zeitablauf über den Einsatz von Markovketten.

Der zentrale neue Baustein, die Markovkette, sei zunächst noch etwas näher erläutert. Basis der Markovkette ist zunächst eine endliche Anzahl verschiedener Zustände der Welt, die einen Unterschied ausmachen: Eine neue IT-Abteilung wird eingerichtet oder nicht, ein neuer Kunde wird gewonnen, kann weiterhin in Zukunft gewonnen werden oder heute wie in Zukunft nicht mehr gewonnen werden, ein Risiko tritt ein oder etc. Solche Zustände werden zunächst systematisiert und gesammelt. Nehmen wir an, diese Strukturierung sei bereits erfolgt und eine Information sei durch zwei Zustände gekennzeichnet, von denen jeweils immer ein Zustand eintreten muss. Dann kann man eine mögliche Abfolge dieser Zustände auf einem Zeitstrahl wie folgt darstellen:

$$s_1 \quad s_1 \quad s_2 \quad s_1 \quad s_2 \quad s_2 \quad s_2 \quad s_1 \quad s_1 \quad s_2 \quad s_2 \quad s_1 \quad s_1 \quad s_2 \quad s_2 \quad s_1 \quad s_1 \quad s_2 \quad s_2 \quad s_2$$

Abb. 4: Eine Abfolge von Zuständen

Mit anderen Worten folgt auf einen bestimmten Zustand immer jeweils einer der beiden Zustände. Wenn man annimmt, dass die Zustände immer wieder mit derselben Wahrscheinlichkeit aufeinander folgen können, kann man aus einer solchen in der Vergangenheit beobachteten Zustandsreihe eine Übergangswahrscheinlichkeitenmatrix TP erzeugen, indem man analysiert welche Zustände auf welche Zustände der Vorperiode folgen. So gilt hinsichtlich des beobachteten Zeitstrahls, dass offensichtlich in fünf Fällen auf s_1 s_2 folgt und in vier Fällen auf s_1 s_1 folgt. Des Weiteren gilt, dass in vier Fällen auf s_2 s_1 folgt und in sechs Fällen auf s_2 s_2. Das lässt sich zunächst in folgender Matrix erfassen:

	Aktueller Zustand s_1	Aktueller Zustand s_2
Aktueller Zustand s_1	4	5
Aktueller Zustand s_2	4	6

Die Matrix fasst nunmehr zusammen, wie oft man von einem Zustand in denselben oder aber einen anderen Zustand gewechselt ist. Zur Übergangswahrscheinlichkeitenmatrix gelangt man auf einfache Weise, indem man nun die absoluten Häufigkeiten durch die Anzahl an Beobachtungen teilt, in denen überhaupt die Chance bestand aus dem jeweiligen Zustand zu wechseln, d.h. im vorliegenden Beispiel:

$$TP = \begin{Bmatrix} \dfrac{4}{9} & \dfrac{5}{9} \\ \dfrac{4}{10} & \dfrac{6}{10} \end{Bmatrix}$$

Damit hat man eine Übergangswahrscheinlichkeitenmatrix aus der empirischen Beobachtung extrahiert. Diese lässt sich nun auch für eine Projektion in die Zukunft verwenden. Multipliziert man diese Matrix beispielsweise mit sich selbst t male, so erhält man ausgehend von einem gegebenen Zustand die Verteilung von Zuständen zum Zeitpunkt der t Perioden entfernt ist. Mit anderen Worten erfasst die Markovkette, d.h. die Kette an Zuständen, die mit Hilfe der Übergangswahrscheinlichkeitenmatrix erzeugt werden, wie sich ausgehend von einer heute beobachtbaren Information andere Ausprägungen dieser Information in Zukunft entwickeln werden. Diese Projektion des Verlaufs unstrukturierter Informationen muss dann nur noch mit Hilfe eines analog zum obigen Beispiel ermittelten Umrechnungsfaktors a(s) in diejenigen Werteinheiten umgerechnet werden, in welchen der Residualgewinn gemessen wird. Als besonders vorteilhaft zeigt sich hierbei die additive Modellierung, impliziert diese doch, dass sich die jeweiligen Wertbestandteile separat bewerten lassen.[2]

---

[2] Dass damit natürlich eine Reihe einschränkender Annahmen wie z.B. die Vernachlässigung von Synergien mit anderen Wertbestandteilen einhergehen, versteht sich von selbst, vgl. zu diesen auch Christen und Grottke (2015).

Im Endeffekt setzt das Modell damit im Vergleich zum Ohlson-Modell nur einen neuen Bewertungsterm für andere Informationen. Dieser erfasst bis zu n verschiedene unstrukturierte Informationen. Die Änderung zeigt sich in den autoregressiven Prozessen, die nunmehr die folgende Form annehmen:

$$RI_{t+1} = \omega \cdot RI_t + \sum_{k=1}^{n} v_{k,t} + \sigma_1 \cdot \varepsilon_{1,t}$$

$$v_{k,t+1} = a_k(s_{k,t+1}) + \sigma_{2,k} \cdot \varepsilon_{2,k,t+1}$$

Hierbei sind die zusätzlich auftretenden Symbole wie folgt definiert:
$s_{k,t+1}$ erreichter Zustand in t+1
a_k Effekt auf den Residualgewinn, der dem potentiellen Zustand $s_{k,t+1}$ zugeordnet wird

Nach einer etwas komplizierteren (für den exakten Nachweis sei auf Christen und Grottke (2015) verwiesen) Rechnung erhält man dann folgende Bewertungsformel für eine Bewertung im Zeitpunkt t:

$$V_t = B_t + \left\{\frac{\omega}{1+r-\omega}\right\} \cdot RI_t + \left\{\frac{1+r}{1+r-\omega}\right\} \cdot \sum_{k=1}^{n} \left\{\overline{A}_k(s_{k,t})\right\}$$

mit:

$$\overline{A}_k(s_{k,t}) = \left\{I - \frac{1}{(1+r)} \cdot TP\right\}^{-1} \cdot \frac{1}{(1+r)^2} \cdot TP \cdot a_k(s_{k,t})$$

Hierbei sind:
I… Identitäts- oder Einheitsmatrix
TP… Übergangswahrscheinlichkeitenmatrix
Im Ergebnis erhält man also nunmehr statt[3] der Bewertung kardinal skalierter anderer Informationen eine Bewertung unstrukturierter Informationsbestandteile.

---

[3]   Selbstverständlich lassen sich auch ordinal/nominal skalierte Informationen mit kardinal skalierten anderen Informationen kombinieren, ebenso wie der vorherige autoregressive Prozess erster Ordnung mit dem Markovkettenansatz, vgl. zu den verschiedenen Varianten auch Christen und Grottke (2015).

5 Zwei Anwendungsbeispiele zum Modell von Christen und Grottke (2015)

Das erste Anwendungsbeispiel nimmt einen gemäß IDW S 1 Tz. 4.4.2.4 zentralen Faktor in den Blick: Die Managementfaktoren. So ist bekannt, dass ggf. mit dem Wechsel des Managements im Zuge eines Unternehmensverkaufs erhebliche und schwer einzuschätzende Änderungen mit ggf. gravierenden Gewinnwirkungen eintreten können.

Nehmen wir einfach einmal an, wir wüssten folgendes über ein bestimmtes zu bewertendes Unternehmen. Wenn diese angebe, seinen Vorstand zu entlassen (Zustand s = 1), signalisiere dies einen Einbruch beim zukünftigen Residualgewinn von -100. Wenn es den Vorstand weiterbeschäftigt (Zustand s = 2), steige der Residualgewinn um 200. Die Vergangenheit zeige: Nach einer Entlassung beträgt die Wahrscheinlichkeit einer Entlassung in der Folgeperiode 2% während der neue Vorstand mit 98% weiterbeschäftigt werde; bei einem bereits beschäftigten Vorstand seien die Wahrscheinlichkeiten 20% und 80%. Im aktuellen Lagebericht stehe, dass der Vorstand gerade entlassen wurde. Der Zinssatz betrage 5%. Diese Informationen kann man auch wie folgt in einem Ereignisbaum darstellen:

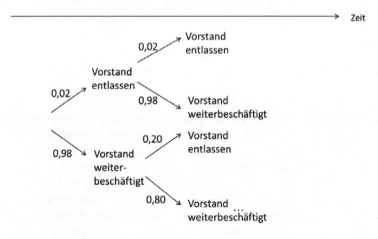

Abb. 5: Der Ereignisbaum im Beispiel

Setzt man diese Werte in die Bewertungsformel ein, so erhält man folgendes:

$$\overline{A}_0(s_0) = \left\{ \begin{pmatrix} 1 & 0 \\ 0 & 1 \end{pmatrix} - \frac{1}{(1+r)} \cdot \begin{pmatrix} 0.02 & 0.98 \\ 0.20 & 0.80 \end{pmatrix} \right\}^{-1} \cdot \frac{1}{(1+r)^2} \cdot \begin{pmatrix} 0.02 & 0.98 \\ 0.20 & 0.80 \end{pmatrix}$$
$$\cdot \begin{pmatrix} -100 \\ 200 \end{pmatrix}$$
$$= \begin{pmatrix} 2875 \\ 2833 \end{pmatrix}$$
$$\overline{A}_0(s_0 = 1) = 2875$$

Das ist dann auch zugleich der noch mit Zinssatz und dem hier noch nicht ermittelten Persistenzparameter zu gewichtende Wertbeitrag zum Unternehmenswert.

Die Ausführungen machen deutlich, dass mit dem Wissen um die entsprechenden (einzusetzenden) Größen beliebige unstrukturierte Informationen bewertet werden können. Dabei ist es nach Ansicht der Autoren angesichts der Unmöglichkeit, in Sozialwissenschaften eindeutige Wirkgesetze und damit sichere Unternehmenswerte festzustellen auch *durchaus vertretbar*, Wahrscheinlichkeiten in der Übergangsmatrix nicht über empirische Wahrscheinlichkeiten anzunähern, sondern subjektiv konsensfähig zu diskutieren und zu schätzen und ebenso die Wertbeiträge zum Residualgewinn der jeweiligen Periode zu ermitteln.

Im Gegenteil, nach Ansicht der Autoren wird diese Information, die stark auf der Kenntnis von Ereignissen eines spezifischen Unternehmens basiert, häufig besonders adäquat ausfallen. Auch lassen sich die so ermittelten Wertbeiträge stets durch Variation der Parameter hinterfragen: Hat man zu hoch, hat man zu niedrig geschätzt? Wurde das Auftreten bestimmter Ausprägungen in der Übergangswahrscheinlichkeitenmatrix korrekt abgebildet? Stimmen die Werteinflüsse auf den Residualgewinn? Lässt sich auch anders argumentieren?

Indes, so hilfreich dies für die Bestimmung von Entscheidungswerten sein mag, es werden sich derartige Werte nur zum Teil als Argumentationswerte nutzen lassen. So können immer alternative Erklärungen für Geschehnisse der Vergangenheit und Annahmen über die Zukunft geltend gemacht werden. Auch ist jedem Praktiker das Phänomen vertraut, dass Erfolge viele Väter haben und Misserfolge keine – mit anderen Worten wird häufig in der Praxis mehr darum gekämpft, sich die erzielten Erfolge anderer zuzurechnen, als Erfolge erst einmal zu erzielen. Da meist (wie im Beispiel von BMW) für ein einzelnes Unternehmen viel mehr potentiell werterklärende Ereignisse existieren als Datenpunkte, kann eine Bewertung schnell sehr angreifbar werden. Einen scheinbaren Ausweg stellt dann die Ermittlung der wertsteuernden Größen auf dem Wege statistischer Schätzung basierend auf großen Datenmengen (Big Data) dar.

Dieser sei im folgenden Anwendungsbeispiel beschritten, welches bewusst nicht auf nicht mehr nachvollziehbare Datenmassen aufsetzt, sondern auf noch nachvollziehbare Datensätze. Folgende Fragestellung sei hierbei verfolgt: Was ist der Wertbeitrag Netto (d.h. nach Prüfungskosten), den die großen deutschen Prüfungsgesellschaften bei der Erwirtschaftung des Residualgewinns erbringen?

Zugrunde gelegt wird hierbei ein Datensatz, welcher sämtliche Unternehmen des deutschen Prime-Standards, d.h. DAX, MDAX, TecDAX und SDAX, zwischen 1998 und 2014 umfasst. Erneut werden die Daten aus der Datenbank Thomson One Banker entnommen. Die erste Frage, welche sich bei der Bearbeitung des Datensatzes stellt, ist hierbei diejenige, wie die Residualgewinne zu ermitteln sind. Diese Frage bezieht sich insbesondere auf die unter IFRS üblichen und auch im HGB bisweilen möglichen Kongruenzverstöße, welche letztlich bewirken, dass sich Gewinn, Dividenden und Buchwert des vergangenen Jahres nicht mehr aufaddieren. Hierbei gibt es zwei mögliche Vorgehensweisen: Entweder man setzt darauf, dass die Verstöße bedeutungslos sind und nimmt damit die resultierenden Unsauberkeiten in Kauf. Oder aber man verfährt in sauberer Weise, indem man die Gewinne als Differenzen zwischen dem Eigenkapital der jeweiligen Periode und der Vorperiode bestimmt. Konsequenz des sauberen Vorgehens ist allerdings, dass eine Menge an Datenpunkten verschenkt wird, da nun für die Ermittlung eines Gewinns immer mindestens zwei Perioden benötigt werden und da der Residualgewinn auf den folgenden Residualgewinn zu regressieren wird, insgesamt vier Perioden. Im folgenden Beispiel wurde dennoch dieser Weg beschritten, was letztlich zusammen mit der Elimination unvollständiger und fehlerhafter Datensätze das Sample von zu Beginn weit über 3000 Datenpunkten auf 2256 Datenpunkte reduzierte. Führt man dann eine erste Regression durch, um die Wertbeiträge des Residualgewinns der Vorperiode und diejenigen der Wirtschaftsprüfungsunternehmen statistisch zu ermitteln, ergeben sich die folgenden Werte:

Variable	Ausprägung
Ω	-0,00000000000000002657***
a(KPMG)	412300000***
a(PwC)	244300000***
a(BDO)	2881000
a(Ernst & Young)	12110000
a(Sonstige)	-27200000
R^2= 0,04952 (adj. R^2=0,04657) F-Wert: 16.79 (bei 7 Variablen und 2256 DF)	

Abb. 6: Ermittlung der Wertbeiträge der Prüfungsgesellschaften

Glaubt man nun rein der Statistik ergibt sich ein klares Bild: Während der Wertbeitrag des vergangenen Residualgewinns nahe null liegt, sind es vor allem die Prüfungsgesellschaften, welche maßgeblich für einen Einfluss auf den zukünftigen Residualgewinn sorgen. Verlässlich scheint dies insbesondere für KPMG und PwC zu sein, die mit hoher Signifikanz und insofern außerordentlich stetig Wertbeiträge zu erzeugen scheinen.[4] Diese offensichtlich sehr fragwürdige Interpretation soll zur Vorsicht mahnen. Dies gilt allein statistisch: Die statistischen Kenngrößen weisen zwar für einzelne Variablen (Residualgewinn, KPMG, PwC) hohe Signifikanzen aus, aber die Gesamtgüte des Modells ist sehr bescheiden. So können nur knapp 5% der Variationen in den Residualgewinnen erklärt werden.

Vor allem aber lehrt ein (bei diesem Sample noch möglicher) Blick in die Daten, was hier die Werte getrieben hat. So gilt, dass PwC und KPMG eine sehr hohe Konstanz aufweisen, d.h. diese Prüfungsgesellschaften werden selten ausgewechselt. Gleichzeitig sind jedoch auch ihre Mandanten relativ konstant, was den Residualgewinn angeht. Weil der Residualgewinn jedoch über alle Firmen (also auch die Mandanten der anderen Prüfungsgesellschaften) ermittelt wird, wird diese Konstanz und ihr Wert in die Variable der jeweiligen Prüfungsgesellschaften verlagert. Zudem ist die Kausalität offensichtlich unklar: Haben sich diese beiden Prüfungsgesellschaften besonders lukrative Mandate ausgewählt, oder handelt es sich um einen realen Wertbeitrag, z.B. im Rahmen von Prüfungstätigkeiten, von denen auch das Unternehmen profitiert? Mit anderen Worten ist hier auch die Kausalität fraglich.

Das Beispiel illustriert, warum auch bei dem Einsatz von großen Datenmengen Vorsicht angebracht ist. So erscheint der Ansatz, auf Basis von unstrukturierten Datenmassen aufzusetzen, welche mit Big Data-Verfahren ausgewertet werden zunächst objektiv und wenig angreifbar, da er auf einer so viel breiteren Datenbasis erfolgt. Indes ist nicht auszuschließen und im Gegensatz zu den anhand des spezifischen Unternehmens ermittelten Daten auch inhaltlich unter Einbezug von hinreichend Kontext kaum mehr prüfbar, ob die herangezogenen Informationen systematisch verzerrt sind. Vielmehr ist dies gerade wegen der Massendaten nicht mehr sichtbar. Zwar gibt es genau für diese Probleme statistische Lösungen, wie z.B. den umfangreichen und gezielten Einsatz von Kontrollvariablen, Tests auf nicht erkannten (und darum nicht einbezogenen) Variablen oder die Identifikation von natürlichen Experimenten. Leider sind auch diese allerdings immer mit Problemen behaftet. So lassen sich geeignete Kontrollvariablen häufig gar nicht ausreichend erheben und selbst wenn sie sich erheben lassen, bleibt immer die Frage, ob nun wirklich alle relevanten Ereignisse erfasst werden. Und bei natürlichen Experi-

---

[4]   Es lassen sich eine ganze Reihe von Modifikationen und Kontrollvariablen denken, die dieses Ergebnis treiben könnten, z.B. Unternehmensgröße, Wechsel von HGB auf IFRS oder Branche. Da der Blick in die Daten eine andere Ursache lehrt, werden diese hier nicht getestet, ebenso wenig wie die in der Wirtschaftsprüfungsforschung übliche Batterie an Kontrollvariablen aus Studien für Wirtschaftsprüfungsqualität und -honorare.

menten bleibt einerseits fraglich, ob überhaupt die relevanten Ereignisse jemals als natürliches Experiment adressierbar sind und andererseits, ob Ereignisse, die ihrerseits niemals natürliche Experimente waren, tatsächlich als natürliche Experimente adressiert werden sollten. Mit anderen Worten gilt auch hier: nicht immer sind signifikante Ergebnisse ökonomisch sinnvoll, nicht immer ökonomisch sinnvolle Ergebnisse signifikant. Dennoch lohnt der Einsatz von Daten dann, wenn man sehr genau weiß, welche Effekte in den Daten gespiegelt sind bzw. wenn die Datenmenge hinreichend klein ist, dass man bei den resultierenden Werten den gesunden Menschenverstand einsetzen kann. Ggf. wird man dann zu Lösungen zurückkehren, welche auf weit weniger Datenpunkten aber dafür auf passenden Datenpunkten basieren. Dann aber wird man wesentlich besser begründen können, warum man dies tut.

6 Ausblick

Die zuvor vorgetragene Kritik sollte nicht über den Wert des Modells hinwegtäuschen. Dieses hat viele Vorteile. Es lässt ein altes Sprichwort von Einstein wahr werden (hier zitiert nach Gioia et al. 2012): „Nicht alles was zählt, ist zählbar und nicht alles was zählbar ist, zählt." Zwischen diesen beiden Dimensionen fundiert zu trennen, dazu kann und wird das vorgetragene Modell seinen Beitrag leisten – es nimmt nur das Nachdenken nicht ab, welches für fundierte Unternehmensbewertungen notwendig ist.

Der enorme praktische Vorteil der hier vorgeschlagenen Unternehmensbewertung besteht dabei zweifellos darin, dass sowohl in Bezug auf unstrukturierte als auch in Bezug auf strukturierte Informationen direkt mit Unternehmensinformationen gearbeitet werden kann, welche aus dem Jahresabschluss der Vergangenheit entnommen werden können. Damit steht eine umfangreiche verlässliche Datenbasis für eine erste Bewertung bereits zur Verfügung, bevor überhaupt Unternehmensinterna verwendet werden müssen. Gerade im Bereich der unstrukturierten Informationen steigt diese sogar nochmals umfangreich an, wenn systematische und elaboriertere Auswertungstechniken auf Textbestandteile wie den Lagebericht oder den Anhang des Geschäftsberichts angewandt werden (vgl. zu solchen Techniken z.B. Grottke (2009) und Grottke (2011)). Diese Datenbasis lässt sich sehr gut für die Vergangenheitsanalyse verwenden, um anhand dieser die eigene Berichterstattung über die Unternehmenswertermittlung in einem Gutachten wie sie z.B. in IDW S 1 4.7 Tz. 66 gefordert wird, zu rechtfertigen. Jahresabschlüsse ähnlicher Unternehmen wiederum lassen sich sehr gut verwenden, um die Auswirkungen von geplanten Maßnahmen (z.B. Erweiterungsinvestitionen, Desinvestitionen etc.) auf den Residualgewinn anhand von Vergangenheitserfahrungen schätzen zu können.

Der enorme theoretische Vorteil ist, dass das Modell den Wert von Informationen über eine geschlossene Lösung und damit auf vergleichsweise einfache Weise abbilden kann, welche auch zuvor, freilich auf dem Wege der Intuition einbezogen worden wären. Damit schafft es die Möglichkeit, eigene Intuitionen zielgerichtet zu hinterfragen.

Zugleich wird jedoch auch dieses Modell die Unmöglichkeit, die Zukunft vorherzusagen, nicht beseitigen können. Im Gegenteil zeigen die erweiterten Möglichkeiten besonders schmerzhaft auf, wie viele Möglichkeiten die Zukunft bereit hält und auf wie viele Weisen Daten der Vergangenheit in die Zukunft projiziert werden können.

7 Literaturverzeichnis

Abela, Mario (2014): IFRS in Europe – quo vadis? A global perspective. Keynote speech at the 10th EUFIN Conference, Regensburg 2014.

Christen, David/Grottke, Markus (2015): Exploiting qualitative (narrative) information from annual reports for the purpose of accounting based firm valuation – a Markov chain approach. Working Paper, Marburg und Passau (abrufbar auf: http://ssrn.com/abstract=2653114).

Dechow, Patricia M./Hutton, Amy P./Sloan, Richard G. (1999): An empirical assessment of the residual income valuation model. Journal of Accounting and Economics, 26(1), 1-34.

Gioia, Dennis A./Corley, Kevin G./Hamilton, Aimee L. (2012): Seeking Qualitative Rigor in Inductive Research: Notes on the Gioia Methodology. Organizational Research Methods, 00(0), 1-17.

Grottke, Markus (2009): Die strukturale Textanalyse als bilanzanalytisches Instrument bei der Auswertung von Lageberichten. Die Betriebswirtschaft, 69(4), 463-477.

Grottke, Markus (2012): Die strukturale Lageberichtsanalyse als Bestandteil einer offenen, erweiterten Jahresabschlussanalyse. Dissertation, Josef Eul Verlag, 2012.

IDW Standard S 1(2008): Grundsätze zur Durchführung von Unternehmensbewertungen (IDW S 1 i.D. F. 2008).

Lo, Kin/Lys, Thomas (2000): The Ohlson Model: Contributions to Valuation Theory, Limitations, and Empirical Applications. Journal of Accounting, Auditing and Finance, 15(3), 337-367.

Ohlson, James A. (1995): Earnings, Book Values, and Dividends in Equity Valuation. Contemporary Accounting Research, 11(2), 661-687.

Williams, John Burr (1938). The Theory of Investment Value. Harvard University Press, 1938.

Anhang A:

Per Rückwärtsinduktion und mit dem Wissen, dass ein Unternehmen zu einem bestimmten Zeitpunkt 0 gestartet wurde ($B_{-1} = 0$) und zu einem bestimmten Zeitpunkt liquidiert wird ($B_L = 0$), folgt, dass die Summe der Dividendenzahlungen der Summe der Gewinne entsprechen muss (es geht nichts verloren bzw. gleicht sich alles am Ende aus):

$$0 = 0 + \sum_{t=0}^{L} G_t - \sum_{t=0}^{L} D_t$$

$$\sum_{t=0}^{L} G_t = \sum_{t=0}^{L} D_t$$

Anhang B:

Entnehmen wir aus dieser Summe allein die zwei Summanden zu den Zeitpunkten τ und $\tau + 1$:

$$\frac{E(B_\tau + G_{\tau+1} - B_{\tau+1}|A_t)}{(1+r)^{\tau-t+1}} + \frac{E(B_{\tau+1} + G_{\tau+2} - B_{\tau+2}|A_t)}{(1+r)^{\tau+1-t+1}}$$

Es wird deutlich, dass sich $B_{\tau+1}$ über die Perioden hinweg zusammenfassen lässt:

$$\frac{E(B_\tau + G_{\tau+1}|A_t)}{(1+r)^{\tau-t+1}} + \frac{E(G_{\tau+2} - B_{\tau+2}|A_t)}{(1+r)^{\tau+1-t+1}}$$
$$+ \frac{E(B_{\tau+1} - (1+r) \cdot B_{\tau+1}|A_t)}{(1+r)^{\tau+1-t+1}}$$

Weiter umformuliert ergibt sich:

$$\frac{E(B_\tau + G_{\tau+1}|A_t)}{(1+r)^{\tau-t+1}} + \frac{E(G_{\tau+2} - B_{\tau+2}|A_t)}{(1+r)^{\tau+1-t+1}}$$
$$+ \frac{E(B_{\tau+1} - (1+r) \cdot B_{\tau+1}|A_t)}{(1+r)^{\tau+1-t+1}}$$
$$\frac{E(B_\tau + G_{\tau+1}|A_t)}{(1+r)^{\tau-t+1}} + \frac{E(G_{\tau+2} - r \cdot B_{\tau+1}|A_t)}{(1+r)^{\tau+1-t+1}} + \frac{E(-B_{\tau+2}|A_t)}{(1+r)^{\tau+1-t+1}}$$

Bzw. mit $RG_{\tau+2} = G_{\tau+2} - r \cdot B_{\tau+1}$

$$\frac{E(B_\tau + G_{\tau+1}|A_t)}{(1+r)^{\tau-t+1}} + \frac{E(RG_{\tau+2}|A_t)}{(1+r)^{\tau+1-t+1}} + \frac{E(-B_{\tau+2}|A_t)}{(1+r)^{\tau+1-t+1}}$$

Vorwärts- und Rückwärtseinsetzen liefert dann im Endergebnis die besagte Formel.

Anhang C (vgl. zu einer knappen Skizze der Herleitung auch Ohlson (1995)):

$$V_t = (1 \quad 0) \cdot \varphi \cdot [I - \varphi]^{-1} \cdot \begin{pmatrix} RG_t \\ v_t \end{pmatrix}$$

Bestimmung $[I - \varphi]^{-1}$ durch Inversion:

$$\left[\begin{pmatrix} 1 & 0 \\ 0 & 1 \end{pmatrix} - \begin{pmatrix} \dfrac{\omega}{1+r} & \dfrac{1}{1+r} \\ 0 & \dfrac{\gamma}{1+r} \end{pmatrix} \right]^{-1}$$

$$= \begin{bmatrix} \dfrac{1+r-\omega}{1+r} & \dfrac{1}{1+r} \\ 0 & \dfrac{1+r-\gamma}{1+r} \end{bmatrix}^{-1}$$

$$= \begin{bmatrix} \dfrac{1+r-\gamma}{1+r} & -\dfrac{1}{1+r} \\ 0 & \dfrac{1+r-\omega}{1+r} \end{bmatrix} \cdot \dfrac{1}{Det\,[I - \varphi]^{-1}}$$

$$Det[I - \varphi]^{-1} = \left(\tfrac{1+r-\omega}{1+r}\right) \cdot \left(\tfrac{1+r-\gamma}{1+r}\right) - (-1) \cdot 0$$

$$= \begin{bmatrix} \dfrac{1+r-\gamma}{1+r} & -\dfrac{1}{1+r} \\ 0 & \dfrac{1+r-\omega}{1+r} \end{bmatrix} \cdot \dfrac{1}{\left(\dfrac{1+r-\omega}{1+r}\right) \cdot \left(\dfrac{1+r-\gamma}{1+r}\right)}$$

$$= \begin{bmatrix} \left(\dfrac{1+r}{1+r-\omega}\right) & -\dfrac{1+r}{(1+r-\omega) \cdot (1+r-\gamma)} \\ 0 & \left(\dfrac{1+r}{1+r-\gamma}\right) \end{bmatrix}$$

Bestimmung des Unternehmenswertes:

$$V_t = (1 \quad 0) \cdot \frac{1}{1+r} \cdot \begin{pmatrix} \omega & 1 \\ 0 & \gamma \end{pmatrix} \cdot \begin{bmatrix} \left(\dfrac{1+r}{1+r-\omega}\right) & -\dfrac{1+r}{(1+r-\omega)\cdot(1+r-\gamma)} \\ 0 & \left(\dfrac{1+r}{1+r-\gamma}\right) \end{bmatrix}$$
$$\cdot \begin{pmatrix} RG_t \\ v_t \end{pmatrix}$$

$$V_t = (1 \quad 0) \cdot \begin{pmatrix} \omega & 1 \\ 0 & \gamma \end{pmatrix} \cdot \begin{bmatrix} \left(\dfrac{1}{1+r-\omega}\right) & -\dfrac{1}{(1+r-\omega)\cdot(1+r-\gamma)} \\ 0 & \left(\dfrac{1}{1+r-\gamma}\right) \end{bmatrix} \cdot \begin{pmatrix} RG_t \\ v_t \end{pmatrix}$$

$$V_t = (1 \quad 0) \cdot \begin{bmatrix} \left(\dfrac{\omega}{1+r-\omega}\right) & \left(\dfrac{1}{1+r-\gamma}\right) - \dfrac{1\cdot\omega}{(1+r-\omega)\cdot(1+r-\gamma)} \\ 0 & \gamma \cdot \left(\dfrac{1}{1+r-\gamma}\right) \end{bmatrix}$$
$$\cdot \begin{pmatrix} RG_t \\ v_t \end{pmatrix}$$

$$V_t = \left(\left(\dfrac{\omega}{1+r-\omega}\right), \quad \left(\dfrac{1}{1+r-\gamma}\right) - \dfrac{\omega}{(1+r-\omega)\cdot(1+r-\gamma)} \right) \cdot \begin{pmatrix} RG_t \\ v_t \end{pmatrix}$$

$$V_t = \left(\dfrac{\omega}{1+r-\omega}\right) \cdot RG_t + \left(\dfrac{1}{1+r-\gamma}\right) - \dfrac{\omega}{(1+r-\omega)\cdot(1+r-\gamma)} \cdot v_t$$

$$V_t = B_t + \left(\dfrac{\omega}{1+r-\omega}\right) \cdot RG_t + \dfrac{(1+r-\omega)-\omega}{(1+r-\omega)\cdot(1+r-\gamma)} \cdot v_t$$

$$V_t = B_t + \left(\dfrac{\omega}{1+r-\omega}\right) \cdot RG_t + \dfrac{1+r}{(1+r-\omega)\cdot(1+r-\gamma)} \cdot v_t$$

Journal Entry Testing - Ein praxisorientierter Ansatz unter Verwendung der Netzwerkstruktur

Wolf-Dietrich Richter
BDO AWT, München

Dominik Fischer
Technische Hochschule, Deggendorf

Inhaltsübersicht

1 Einleitung

Seit mehr als vierzig Jahren ist die digitale Datenanalyse ein Begriff für die prüfenden Berufe (z. B. Wirtschaftsprüfer, Steuerberater, vereidigter Buchprüfer, Revisoren).[1] [2] Aus dem Alltag der Berufsgruppe ist sie mittlerweile nicht nur angekommen, sondern in vielen Bereichen kaum mehr wegzudenken.[3] Grund dafür sind nicht nur die rasant steigenden Datenmengen im Unternehmen durch den Einsatz automatisierter Prozesse in nahezu allen Geschäftsbereichen. Auch die Prüfer erhalten durch neue Hard- und Softwaretechnologien, die Möglichkeit die Prüfung durch digitale Analysen zu beschleunigen oder auszubauen.

Die Funktionsvielfalt der Datenanalyse-Tools wird jedoch kaum ausgenutzt. Die Werkzeuge sind in erster Linie im Einsatz, um bekannte Abläufe und Fragestellungen digital zu replizieren. Es scheint in der Praxis wichtiger zu sein, die gleichen Informationen schneller beziehen zu können, als neues Wissen zu generieren. Zum Beispiel ist die Journaldatenanalyse (Journal Entry Testing, JET) bisher in der Abschlussprüfung ein weitgehend isolierter Prozess. Diese Prüfungshandlung könnte zukünftig jedoch mittels einer netzwerkanalytischen Betrachtung als geschäftsvorfallbezogene Einzelfallprüfungshandlung in den Prüfungsablauf mit aufgenommen werden.[4] Der JET eignet sich im Allgemeinen dazu das Kontrollumfeld und Auffälligkeiten in Transaktionen festzustellen, die dann zu tieferen Prüfungshandlungen leiten. Auch wird der Buchungsstoff auf seine Validität geprüft um spätere Prüfungsaussagen untermauern zu können.[5]

Natürlich gibt es schon unterstützende Lösungen, welche wichtige Prüfungen durch mathematische Methoden erleichtern, doch wird nur ein kleiner Bereich des Instrumentariums genutzt. Bei Recherchen fiel auf, dass in anderen Sektoren wie dem Logistikbereich der Gentechnologie oder bei Mobilfunksystemen immer öfter Methoden aus der diskreten Mathematik verwendet werden. Da-

---

[1]   H. J. Will, Computer Based Auditing: Part II Comparison of generalized computer audit packages. Canadian Institute of Chartered Accountants, S. 32-44, 1972.

[2]   H. J. Will, Computer Based Auditing: Part I Part l: Man-machine auditing. Canadian Institute of Chartered Accountants, S. 29-34, 1972.

[3]   G. Herde und A. Kohl, "Umfrage zur Akzeptanz der Digitalen Prüfungsunterstützung (in Compliance in digitaler Prüfung und Revision)" im Tagungsband des 7. Deggendorfer Forum für Digitale Datenanalyse, Erich Schmidt Verlag Berlin, 2012.

[4]   L. Mochty und M. Wiese, "Die Netzwerkstruktur der Buchhaltung als Grundlage des risikoorientierten Prüfungsansatzes" IBES, Ausgabe 188, S. 28, 2011.

[5]   IDW, "IDW Prüfungshinweis : Einsatz von Datenanalysen im Rahmen der Abschlussprüfung (IDW PH 9.330.3)," IDW Prüfungsstandards CD-ROM, Randnotiz 72, 2011.

runter fällt unter anderem die Graphentheorie.[6] Hier bietet sich eine Chance die Abschlussprüfung mittels erfolgreicher Modelle aus diesen technischen Bereichen zu bereichern.

Die Integration von Methoden der Graphentheorie zur Buchungsjournalprüfung findet in den einschlägigen Datenanalysewerkzeugen der Wirtschaftsprüfung noch keine Verwendung. Ludwig Mochty entwickelt jedoch Ansätze um aus Modellen der Mathematik und der Informatik Vorteile für die prüfenden Berufe zu generieren. Unter anderem erläutert er in seiner Arbeit „Die Netzwerkstruktur der Buchhaltung als Grundlage des risikoorientierten Prüfungsansatzes" ausführlich die Relevanz und Möglichkeiten des Einsatzes von Netzwerkgraphen in der Buchhaltung. Er bemängelt dabei die mathematische beziehungsweise wissenschaftliche Oberflächlichkeit bisheriger Journal Entry Tests und nennt dabei die Prüfung mittels graphentheoretischer Methoden als Lösungsansatz für dieses Problem:[7]

Bei der Buchungsjournalprüfung begnügt sich der Prüfer oft nur mit der Verifizierung der Summen- und Saldenliste als verwendbare Prüfungsgrundlage und vermutet zu wissen, welche Buchungsvorgänge sich hinter den Beträgen verbergen, dabei können aber lediglich Annahmen und Hypothesen getroffen werden. Ob sich hinter diesen auch die wahre Buchungsstruktur verbirgt kann nicht gewährleistet werden. Um die Annahmen und Hypothesen des Prüfers zu verifizieren wäre die Netzwerkanalyse hilfreich.

In der Wirtschaftsprüfung sind im Rahmen der Abschlussprüfung zumeist heuristische Verfahren im Einsatz. Komplexere mathematische Modelle, um Massen an Buchungsstoff zu prüfen, werden seltener eingesetzt. Da die Buchungsjournale mittlerweile überwiegend in digitaler Form vorliegen ist eine Datenbasis vorhanden, deren Potential bis heute nur von wenigen ausgeschöpft wird. Dedizierte Anwendungen[8], welche den Prüfer unterstützen sind bereits auf dem Vormarsch und für manche Prüfungen nicht mehr wegzudenken (z. B. Suche nach Doppelzahlungen).[9] Diese Anwendungen nutzen meist relationale Datenmodelle als logische Basis der Datenhaltung. Auch hier ist von Interesse, wie sich ein graphentheoretischer Ansatz auf das Datenmodell auswirkt. Praktisch soll das theoretische Konzept mit einer Anwendung von sogenannten Graphen-Datenbanken[10] geprüft werden.

---

[6]   P. Tittmann, Graphentheorie: eine anwendungsorientierte Einführung. Fachbuchverl. Leipzig im Carl-Hanser-Verlag, S. 1, 2011.

[7]   L. Mochty und M. Wiese, „Die Netzwerkstruktur der Buchhaltung als Grundlage des risikoorientierten Prüfungsansatzes", IBES, Ausgabe 188, S. 16f., 2011.

[8]   Beispiele für dedizierte Anwendungen: ACL Analytics, CaseWare IDEA, hfp openAnalyzer.

[9]   G. Herde und E.-R. Töller, „Einsatz von Analysesoftware in der Prüfung - Kann meine Prüfungssoftware richtig addieren? Unererwartete Probleme bei Plausibilitätskontrollen", WPg, Seiten 598–605, 2012.

[10]   Beispiele für Graphen-Datenbanken: neo4j, Titan, OrientDB.

Die theoretische Basis welche Mochty vorgibt[11], soll mittels dieser praxisorientierten Arbeit unterstützt werden. Durch den Einsatz verschiedener, moderner Technologien wird eine erfolgreiche Umsetzung ermöglicht. Die Ausarbeitung wird mit einem innovativen Softwarekonzept ergänzt, das von Wirtschaftsprüfern leichter akzeptiert werden kann und somit einem breiteren Einsatzgebiet zur Verfügung stehen soll.

Die Graphentheorie selbst findet bereits breite Verwendung in anderen Bereichen. Vor allem zur Datenhaltung und Auswertung von sozialen Netzen oder Bewertungssystemen feiert das Modell große Erfolge.[12] Es ist zu vermuten, dass die rasant zunehmende Digitalisierung unserer Welt die Entwicklung und den Einsatz von neuen Technologien, Algorithmen und Modellen im Bereich der Graphentheorie stark vorantreiben wird.

Es stellt sich die Frage, ob sich der traditionelle Prüfungsalltag mittels einer innovativen Anwendung zur Netzwerkstrukturanalyse optimieren lässt. Können Geldflüsse zwischen Konten oder damit zusammenhängende Geldflüsse besser ermittelt und so analysiert werden?

Besonders herausfordernd ist es, eine Brücke zwischen der Graphentheorie und der Wirtschaftsprüfungspraxis zu schlagen. Die Aufgabe besteht darin, Wege zu finden um die theoretischen Modelle so anzuwenden, dass sie für den Prüfer leicht verständlich sind und einen produktiven Nutzen aufweisen. Ergebnis dieses Projekts ist eine praktische Analyse der Methodik. Ein Software-Prototyp soll die Machbarkeit des Ansatzes näher prüfen und zur Darstellung der technologischen Möglichkeiten dienen. Da es auf dem Gebiet kaum Erfahrungen und Referenzen gibt wird das Modell keine detaillierten Prüfungsfragen beantworten können, sondern versuchen, die grundlegende Eignung der Netzwerkanalysen in der Wirtschaftsprüfung zu erfassen.

---

[11] L. Mochty und M. Wiese, „Die Netzwerkstruktur der Buchhaltung als Grundlage des risikoorientierten Prüfungsansatzes", IBES, Ausgabe 188, 2011.

[12] D. Woods, "50 Shades of Graph: How Graph Databases Are Transforming Online Dating," 2014. [Online]. Verfügbar unter: http://www.forbes.com/sites/danwoods/2014/02/14/50-shades-of-graph-how-graph-databases-are-transforming-online-dating/ [Zugegriffen am: 16. August 2015].

2 Theoretische Einführung

2.1 Die Prüfung des Buchungsjournals

Obwohl interne Kontrollen einen Großteil der Fehler verhindern oder aufdecken besteht ein Risiko, dass weitere durch das System sickern. Die Aufgabe des Prüfers ist es, wesentliche Fehler zu entdecken. Beurteilungsgegenstand und Ausgangspunkt für die Prüfungshandlungen sind insbesondere die Bilanz und die GuV des zu prüfenden Unternehmens. Aufgrund dessen ist es notwendig, der zugrunde liegenden Datenbasis eine mathematische und strukturelle Validität bescheinigen zu können. Dies soll der Journal Entry Test übernehmen. Außerdem können erste Auffälligkeiten erkannt werden.

Grundlage für die Validierung der Datenbasis bildet der Prüfungsstandard IDW (Institut der Wirtschaftsprüfer) PS (Prüfungsstandard) 330, der für die Jahresabschlussprüfung als verbindliche Vorgabe für den Wirtschaftsprüfer gilt. Im dazu erläuternden Prüfungshinweis IDW PH (Prüfungshinweis) 9.330.3 ist dazu Folgendes nachzulesen: „Zur Feststellung von auffälligen Abweichungen werden in der Praxis Analysen durchgeführt, die häufig unter dem Begriff ‚Journal Entry Testing (JET)' zusammengefasst werden. Diese Analysen eignen sich sowohl zur Analyse des Kontrollumfelds als auch zur Feststellung von auffälligen Buchungen aus der Abbildung von Transaktionen. Bei festgestellten Auffälligkeiten sind weitere Prüfungshandlungen (insb. Belegprüfungen) einzuleiten, um deren Ursachen anhand der zugrundeliegenden Geschäftsvorfälle zu untersuchen."[13]

Mehr Informationen über die eigentliche Handlung zu diesem Vorgang beschreibt die IFAC in ihrer ISA 240. Dort werden im Allgemeinen die Verantwortlichkeiten des Prüfers bezogen auf „Fraud" (betrügerische Handlungen) in einem Audit von finanziellen Geschäften behandelt. [14]

2.2 Pflichten und Möglichkeiten durch die GDPdU und GoBD

Bei der digitalen Betriebsprüfung und für die Anwendung von Informationssystemen in der Finanzbuchhaltung geben die obersten Finanzbehörden diverse Richtlinien und Grundsätze vor. Zwei hier relevante Werke sind die GoBD[15] und die GDPdU[16] (in Verbindung mit den GoBS[17] die oft als Grundlage für den Abgriff digitaler Finanzdaten dienen.[18]

---

[13] IDW, „IDW Prüfungshinweis : Einsatz von Datenanalysen im Rahmen der Abschlussprüfung" (IDW PH 9.330.3), IDW Prüfungsstandards CD-ROM, Randnotiz 72, 2011.

[14] "INTERNATIONAL STANDARD ON AUDITING 240", S. 178f., 2009.

[15] BMF, „Grundsätze zur ordnungsmäßigen Führung und Aufbewahrung von Büchern, Aufzeichnungen und Unterlagen in elektronischer Form sowie zum Datenzugriff (GoBD)", 2014.

Die GoBD fassen die GoBS und die GDPdU zusammen und beschreiben auch die rechtlichen Begründungen für die DV-gestützte Generierung, Verarbeitung und Ablegung von Daten aus der Buchhaltung. Relevant für die vorliegende Arbeit ist vor allem der Punkt 5.3 – „Bebuchung im Journal (Journalfunktion)". Hier wird definiert, welche Kriterien die Journalfunktion erfüllen muss um nicht gegen gültige Gesetze zu verstoßen. Auch wird beschrieben, welche Daten in dem Journal erfasst werden müssen.

2.3 Grundlagen der Graphentheorie und deren Algorithmen

Der Graph (oder auch Netzwerk) hat bestimmte mathematische Definitionen und Eigenschaften. Auch das Buchungsnetz muss graphentheoretisch eingeordnet werden.

„Graphen sind mathematische Modelle für netzartige Strukturen in Natur und Technik. Dazu zählen Straßennetze, Computernetze, elektrische Schaltungen, Allen in diesen Netzen ist eine Grundeigenschaft gemeinsam. Sie bestehen stets aus zwei verschiedenartigen Mengen von Objekten. Die Objekte der ersten Art sind zum Beispiel Orte im Straßennetz oder Computer. Sie werden durch Objekte der zweiten Art verbunden. Das sind zum Beispiel Straßen oder Übertragungsleitungen. In der Sprache der Graphentheorie werden wir diese Objekte als Knoten und Kanten eines Graphen bezeichnen. ... In der Graphentheorie untersucht man zunächst nur die rein topologischen Fragen einer Netzstruktur. Ein Graph ist allein durch die Menge seiner Knoten und seiner Kanten sowie durch die Zuordnung der Endknoten einer Kante bestimmt."[19] Übertragen auf das Buchungsnetz sind die Objekte erster Ordnung die Menge der bebuchten Konten und die Objekte zweiter Ordnung die Menge der Buchungen.

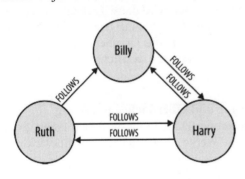

Abb. 1: Beispiel eines sozialen Netzwerks (Robinson, J. Webber, and E. Eifrem, Graph Databases. O'Reilly Media, S. 2, 2013)

---

16   BMF, „Grundsätze zum Datenzugriff und zur Prüfbarkeit digitaler Unterlagen (GDPdU)", BMF-Schreiben, 2001.

17   BMF, „Grundsätze ordnungsmäßiger DV-gestützter Buchführungssysteme" (GoBS), 1995.

18   Die GDPdU und GoBS galten bis 01.01.2015 und wurden von den GoBD abgelöst.

19   P. Tittmann, Graphentheorie: eine anwendungsorientierte Einführung. Fachbuchverl. Leipzig im Carl-Hanser-Verlag, S. 11 u. 127, 2011

Es ist außerdem zwischen der Klasse der ungerichteten und gerichteten Graphen zu unterscheiden. Ein gerichteter Graph kann im Gegensatz zum ungerichteten nur in eine Richtung durchlaufen werden. [20]

„Aus mathematischer Sicht ist die Doppelte Buchhaltung ein bewerteter gerichteter Graph (Netzwerk). Die Konten bilden die Knoten dieses Graphen und die Buchungssätze die gerichteten Kanten."[21]

2.4 Entstehung der Graphen-Datenbanken

In dieser Arbeit wird eine Graphen-Datenbank verwendet. Die gesamte Architektur baut hier auf der Graphentheorie auf. Die Knoten sowie die Kanten können mit Eigenschaften und Werten belegt werden. Die Besonderheit der Verbindungsobjekte ist, dass diese immer einen Ursprungs- und Zielknoten besitzen müssen. Außerdem können die Verbindungen von einem bestimmten Typ sein (z. B. A bucht B oder X kennt Y). Durch diese Logik ist es möglich ein entwickeltes Netzwerkmodell aus der realen Welt direkt auf Datenebene zu übertragen. Bei einer relationalen Datenbank müsste hier eine zusätzliche Abstraktionsebene eingefügt werden.

Nicht nur bei Social-Network-Anwendungen sind Graphen-Datenbanken im Einsatz. Auch in eher konservativen Bereichen wird diese Technologie eingesetzt. Beispielsweise stellte die Bayrische Versicherung letztes Jahr ihr Vertragsmanagement von einem DB2-System auf die Graphendatenbank neo4j um. Diese überraschte das Unternehmen durch ihre exzellente Performance. [22]

2.5 Auszüge aus der Visualisierung und Oberflächengestaltung

Auch wenn der Entwurf der Benutzeroberfläche in dieser Arbeit keine große Gewichtung widerfährt wurden zwei Werke als Grundlage zur Entwicklung dieses Bereiches verwendet:

1. McKay setzt bei der Gestaltung von Benutzeroberflächen die Kommunikation von Informationen als Optimum. [23]
2. Laut Bertin lässt sich nahezu jede Visualisierung in Dimensionen aus Formen und Variablen einordnen: „Die unendlich große Vielfalt der graphischen Konstruktionen ergibt sich dadurch, dass jede beliebige Komponente einer Information durch jede beliebige der acht visuellen Variablen transkripiert werden kann, wobei allerdings mindestens eine Dimension

[20] P. Tittmann, Graphentheorie: eine anwendungsorientierte Einführung. Fachbuchverl. Leipzig im Carl-Hanser-Verlag, S. 11, 2011.

[21] L. Mochty und M. Wiese, „Die Netzwerkstruktur der Buchhaltung als Grundlage des risikoorientierten Prüfungsansatzes", IBES, Nr. 188, S. 19, 2011.

[22] Versicherungsbote, „Die Bayerische und iS2 beschreiten Daten-Neuland - Netzwelten - Versicherungsbote.de", 2014. [Online]. Verfügbar unter: http://www.versicherungsbote.de/id/4790518/Die-Bayerische-und-iS2-beschreiten-Daten-Neuland/. [Zugegriffen am: 14.01.2015].

[23] E. N. McKay, UI is Communication: How to Design Intuitive, User Centered Interfaces by Focusing on Effective Communication. Newnes, S. 61f., 2013.

der Ebene ausgenutzt werden muss. Die visuellen Variablen haben aber nicht alle die Eigenschaft, a) eine Ordnung oder eine Proportion auszudrücken und b) permutierbar zu sein."[24]

---

[24] J. Bertin, Graphische Darstellungen und die graphische Weiterverarbeitung der Information. Walter de Gruyter, S. 186, 1982.

3 Anforderungen an die Analyse-Software

3.1 Anforderungen an die Prüfungssoftware (Herde/Töller) 2012

Das Autorenteam Herde/Töller hat in seinem Beitrag[25] wichtige Anforderungen und Parameter an eine moderne Datenanalyse-Software für den Einsatz in den prüfenden Berufen erarbeitet. Zunächst werden hier besondere Rahmenbedingungen unter den Prüfern beschrieben. Auf relevante Punkte wird in dieser Arbeit näher eingegangen (die Punkte 1., 2. und 6. werden hier nicht gesondert diskutiert, da sie nur bedingt für diese Fragestellung von Bedeutung sind):

1. Unabhängigkeit von operativen Systemen
2. Möglichkeit der systemübergreifenden Prüfung
3. Standardisierte Datenformate
4. Verarbeitung großer Datenbestände
5. Benutzerfreundlichkeit der Analysesoftware
6. Komprimierung, Verschlüsselung und sichere Aufbewahrung

3.2 Funktionen der netzwerkanalytischen Prüfungssoftware

Eine Analysesoftware unter Verwendung der Graphentheorie wird sich stark von konventionellen Werkzeugen zur Datenanalyse unterscheiden. In der Standardsoftware Microsoft Excel werden beispielsweise Daten direkt auf der Datenbasis modelliert und Formeln entwickelt. Durch die verzweigte und komplexe Struktur in einem Netzwerk ist dies nicht mehr ohne weiteres möglich. Der graphentheoretische Ansatz verfolgt eine andere Vorgehensweise. Es darf nicht erwartet werden, dass der Anwender mit den sehr speziellen Algorithmen aus der Netzwerkanalyse vertraut ist. Deshalb muss ihm eine intuitive Funktionalität bereitgestellt werden. Die für die Tests notwendigen Algorithmen müssen direkt in die Software integriert werden, eine Aufzeichnungsfunktion soll bei Bedarf einen Einblick hinter die angewendeten Programmfunktionen gewähren.

Der JET ist, wie der Name schon sagt, ein Test. Der Test soll darauf zielen, die Richtigkeit des Buchungsstoffes zu prüfen. Daraus kann geschlossen werden, dass reine Daten-Analysen zur Gewinnung von neuen Informationen zweitrangig sind. Trotzdem sind Test und Analyse zwei zusammenhängende

---

[25] G. Herde and E.-R. Töller, „Zukunftsorientierte Analysesoftware: Anforderungen und Parameter", („Future-oriented analytical software: Requirements and parameters'), in: Tagungsband des 7. Deggendorfer Forum für Digitale Datenanalyse, Erich Schmidt Verlag Berlin, 2011.

Komponenten. Erst Analysen des Buchungsstoffes können die Antwort auf einzelne Testfälle geben. Am Ende bleibt jedoch die Interpretation zwischen Test und Analyse und die zu ziehende Grenze zur Einhaltung der Wirtschaftlichkeit eine Entscheidung des Wirtschaftsprüfers.

Neben der eigentlichen Test- und Analysealgorithmik spielen auch die Schnittstellen eine wichtige Rolle. Entscheidend ist hier der Import der Rohdaten in die Analyse-Software. Es muss möglich sein die Buchungsdaten ohne größeren Aufwand in die Datenbank der Anwendung zu laden. Hier ist zu beachten, dass die Daten bei dem Import und der späteren Analyse nicht verändert werden dürfen. Außerdem sollte der Importprozess ressourcenschonend und performant von statten gehen. Als Rohdatenbasis wird die Verwendung der sogenannten GDPdU-Daten des zu prüfenden Unternehmens empfohlen. Diese enthalten alle notwendigen Daten zur Prüfung des Buchungsstoffes.

3.3 Einsatz effizienter Usability

Gerade für den eher exotischen Anwendungszweck der netzwerkorientierten Buchungsjournalprüfung ist es von Vorteil, auf eine moderne „App-Ideologie" zu setzen. Die Netzwerkstruktur ist eine natürliche, intuitive Darstellungsform. Genauso soll auch die gesamte Oberfläche der Anwendung gestaltet werden. Durch die pauschal höhere Attraktivität wird die Hemmschwelle, sich mit der neuen Anwendung zu befassen, gesenkt.

Bei der Gestaltung der Benutzeroberfläche ist das Ziel, ein möglichst intuitives Design zu finden. Klassische Anwendungen orientieren sich hierbei stark an den verwendeten Daten und versuchen möglichst viele Funktionen auf einem Blick ersichtlich zu machen (z. B. Tabellendarstellung in Microsoft Excel). Doch gut konzipierte Benutzeroberflächen konzentrieren sich darauf, lediglich die nötigsten Informationen darzustellen und Überflüssiges zunächst zu verbergen. Dies soll im Sinne kommunikativer Designprinzipien die Motivation bei den Benutzern erhöhen, sich mit dieser neuen Art an Anwendung auseinanderzusetzen. Priorität hat die Darstellung des Netzwerks. Sie nimmt deshalb einen Großteil der Oberfläche in Anspruch. Auf komplexe Interaktionselemente wird verzichtet. Semantik soll eine bedeutende Rolle im Entwurf der Software spielen. Deshalb wird das Textfeld zur Eingabe der Suchbegriffe zentral platziert. Die hier eingegebenen Terme sollen der Ursprung der Test- und Analysehandlungen sein. Folgende Suchen sind denkbar:

95

1. Pfad von Konto A zu Konto B (gegebenenfalls über mehrere Knoten),
2. allen Konten mit weniger als zwei Nachbarn,
3. Suche nach Belegnummer X (Eigenschaft der Kante),
4. Suche alle Belege mit dem Inhalt „Vorstand" (Eigenschaft der Kante),
5. Suche alle Buchungen aus dem Mai 2014,
6. bilde die Summen- und Saldenliste.

Der Kreativität sind hier keine Grenzen gesetzt. Wie tief und breit die Semantik gehen soll, müsste bei einer tatsächlichen Entwicklung mit den Anwendern selbst erarbeitet werden. Es erfordert zwar einen erhöhten Entwicklungsaufwand, diese Strategie umzusetzen, doch in Zeiten von Smartphones und deren Apps wird eine solche immer öfter erwartet. Mit einer gut umgesetzten Usability wird dem Benutzer gar nicht mehr bewusst, welche Rechenleistung die Software im Hintergrund überhaupt erzielt. Noch stärker tritt dieser Effekt auf, sobald Massendaten verarbeitet werden müssen.

3.4 Anforderungen durch große Datenmengen

Auf die Relevanz von Big Data im 21. Jahrhundert muss nicht mehr extra hingewiesen werden. Zwei Jahre in Folge standen die Daten im Fokus der Informationstechnik-Messe CeBIT. Auch bei der Entwicklung dieser Software spielen erhöhte Datenmengen eine Rolle. Die pure Anzahl von Buchungssätzen erreicht in größeren Unternehmen schnell den zweistelligen Millionenbereich. Standardsoftware wie Microsoft Excel sind hiermit schnell überfordert. [26]

Die weitere Verwendung des relationalen Datenmodells ist deshalb in Frage zu stellen. Bei SQL-Abfragen mit (verketteten) JOINs[27] steigt die Laufzeit proportional an. Trotzdem wird in den meisten konventionellen Bereichen der Softwareentwicklung stets auf das bewährte Konzept gesetzt. Sobald graphentheoretische Algorithmen verwendet werden, kann mit Leistungsproblemen gerechnet werden.

Auch bei der Entwicklung neuer Algorithmen ist die Verarbeitung von Massendaten zu beachten. Prozeduren sind auf ihre Fähigkeit, große Datenmengen zu verarbeiten, zu prüfen. Es besteht ein Risiko, dass bewährte Prozesse hier ins Straucheln kommen. Deshalb ist es eine weitere Aufgabe, neue Ansätze in diesem Umfeld zu finden.

---

[26] G. Herde and E.-R. Töller, „Zukunftsorientierte Analysesoftware: Anforderungen und Parameter", (‚Future-oriented analytical software: Requirements and parameters'), in: Tagungsband des 7. Deggendorfer Forum für Digitale Datenanalyse, Erich Schmidt Verlag Berlin, S. 90, 2011.

[27] JOIN: SQL-Befehl zum verknüpfen zweier Tabellen.

3.5 Integration moderner Methoden und Verfahren

Die Netzwerkstruktur steht im Fokus dieser Arbeit. Wie im letzten Punkt beschrieben, besteht zwar die Möglichkeit, diesen Ansatz auch mit konventionellen Datenhaltungssystemen durchzusetzen, was aber nicht im Sinne der Fragestellung ist. Für den Erfolg dieses Ansatzes zählt nicht nur der Gewinn neuen Wissens als weiterer Vorteil in der Prüfungshandlung, sondern auch eine performante Ermittlung dessen. Deshalb müssen graphentheoretische Modelle und Algorithmen homogen durch alle Softwareschichten eingesetzt werden.

Die bekannten dedizierten Datenanalysewerkzeuge (z.B. ACL, IDEA) sind größtenteils mit allgemeinen mathematischen und logischen Operationen ausgestattet. Für den Kontext des Prüfers werden von Herstellerseite kaum Funktionen angeboten, um direkt Kennzahlen zu ermitteln. Es wird erwartet, dass dieser auf einer technischen Ebene selbst die Formel der Kennzahl definiert. Diese Vorgehensweise erfordert nicht nur mehr Zeit, auch enthält sie für den Benutzer eine weitere Hemmschwelle, sich mit (neuen) Kennzahlen auseinanderzusetzen. Beispielsweise darf angenommen werden, dass die meisten Benutzer in Excel nur einen Bruchteil der Möglichkeiten ausnutzen, auch wenn es noch komplexere Funktionen gäbe, die ihre Arbeit effizienter gestalten würden. Hier werden bis dato noch Chancen vergeben, welche die Prüfung beschleunigen und in mehreren Teilen bereichern würden[28].

In der Praxis setzen sich meistens heuristische Verfahren durch. Begründet durch die Ausbildung und Erfahrung der Wirtschaftsprüfer, ist dies auch eine erfolgreiche Vorgehensweise. Es stellt sich jedoch die Frage nach der Möglichkeit einer Substitution solcher Verfahren durch mathematisch begründete Methodiken[29]. Die Relevanz dieses Aspekts verstärkt sich weiter.

In Bezug auf die Analyse des Buchungsjournals auf Basis der Netzwerkstruktur wäre der Nutzen ohne graphentheoretischer Algorithmen nur minimal. Die Stärke dieser Theorie ist, die komplette Tiefe und Breite der Daten zu erfassen, zu analysieren und abzubilden. Heuristische Vorgehensweisen beschränken sich meist nur auf bereits bekannte Pfade und können aufgrund der hohen Komplexität nur aggregierte Buchungsflüsse darstellen und auswerten. Die Graphentheorie liefert Modelle, um Geschäftsvorgänge zu selektieren, welche dann wiederum für die Einzelfallprüfung relevant sein können.[30]

---

[28] G. Herde und E.-R. Töller, „Zukunftsorientierte Analysesoftware: Anforderungen und Parameter", („Future-oriented analytical software: Requirements and parameters'), in: Tagungsband des 7. Deggendorfer Forum für Digitale Datenanalyse, Erich Schmidt Verlag Berlin, S. 92, 2011.

[29] G. Herde und E.-R. Töller, „Zukunftsorientierte Analysesoftware: Anforderungen und Parameter", („Future-oriented analytical software: Requirements and parameters'), in: Tagungsband des 7. Deggendorfer Forum für Digitale Datenanalyse, Erich Schmidt Verlag Berlin, S. 93, 2011.

[30] L. Mochty, „Journal Entry Network- und Geschäftsprozess-Analyse im Verbund; Ein dualer Revisionsansatz", in: Prozessoptimierung mit digitaler Datenanalyse: Ansätze und Methoden, Deggendorf: Erich Schmidt Verlag Berlin, S. 6f., 2015.

4 Ein praxisorientiertes Softwaredesign

Um zu zeigen, dass der graphenorientierte Ansatz realistisch und machbar ist wird dafür ein mögliches Softwarekonzept entwickelt. Um repräsentative Aussagen zu bilden, konnte von den Wirtschaftsprüfern der BDO AWT GmbH aus München realer Buchungsstoff aus einem großen Unternehmen gewonnen werden. Aufbauend auf diesen Daten wurde das Softwareprodukt dafür direkt bei der BDO AWT GmbH entwickelt und getestet.

4.1 Architektur des Gesamtkonzeptes

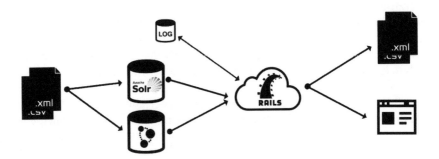

Abb. 2: Schaubild Konzept Architektur

In Abbildung 2 ist diese Architektur als serviceorientiertes 3-Schichten-Modell symbolisch skizziert. Dieses erlaubt einen modularen Aufbau der Anwendung und ermöglicht beispielsweise einen einfachen Austausch bestehender Komponenten oder die Integration neuer Erweiterungen. Die einzelnen Elemente werden kurz von links nach rechts erklärt:

Zunächst werden die Rohdaten (in der Regel sind dies CSV- oder XML-Dateien) aufbereitet und in zwei unterschiedliche Datenbanken (Apache Solr als Suchdatenbank und neo4j als Graphendatenbank) geladen. Die darauf folgende Kontrollschicht bildet einen Webserver (RAILS). Dieser bearbeitet sämtliche Anfragen des Anwenders und stellt Webdienste für verschiedene Datendienste zur Verfügung. Der Webserver ist auch dafür verantwortlich, die Dokumentationspflicht zu erfüllen und schreibt alle Benutzerinteraktion in eine dafür vorgesehene Datenbank. Des Weiteren liefert er dem Benutzer bei Bedarf Exportdateien. Die Benutzeroberfläche wird als HTML-Seite im

Browser dargestellt. Die HTML-Seite beinhaltet verschiedene dynamische Elemente, um die Netzwerkdaten zu visualisieren.

Im weiteren Verlauf wird auf die einzelnen Schichten und Abschnitte des Konzepts eingegangen. Es wird erklärt, welche Ansätze und Technologien für die jeweilige Aufgabe ausgewählt wurden.

1. Transformation der Rohdaten: Betrachten der vorhandenen Datenbasis, Entwicklung des Graphenmodells, beschreiben Transformationsvorgangs.

2. Definition der Datenbasis: Die GDPdU-Daten liegen in der Regel als CSV-Dateien vor, gebündelt mit einer XML-Konfiguration. Eine soge-nannte DTD-Datei gibt darüber hinaus an, wie die XML-Elemente ver-standen werden können (Standard der Audicon GmbH[31]). Mit diesen In-formationen können die Daten in Drittsysteme importiert werden.

3. Architektur der Datenhaltung: In der Kategorie der Graphen-Datenbank ist neo4j die führende Software. In ersten Experimenten fiel auf, dass die Graphendatenbank sehr stark im Ermitteln von Verbindungen ist, nicht aber unter Verwendung von Volltextsuchen. Eine Suchplattform soll des-halb dafür Sorge tragen, freie Suchen nach heuristischen Ansätzen zu übernehmen. Der Prototyp greift auf die Software Apache Solar zurück.

4. Gestaltung des Datenmodells: In Abbildung 3 ist das Modell für die Gra-phen-Datenbank festgehalten. Es gibt lediglich zwei Knotentypen (Benut-zer und Konto). Kernpunkt des Schemas sind die Verbindungen. Der Ver-bindungstyp „AN" beinhaltet die nötigen Informationen über die jeweili-gen Buchungen. Wegen der großen Anzahl an Buchungen sind die Verbindungen nach dem Datum gruppiert. Es gibt drei verschiedene Ver-dichtungsstufen, welche jahresgenau, monatsgenau und tagesgenau sind. Eine Verbindung enthält so einen Vektor an Buchungen der jeweiligen Pe-riode zwischen einem Konto und dem jeweiligen Gegenkonto. Außerdem gibt es noch die Möglichkeit zu ermitteln, welche Benutzer welche Konten buchen und welche Buchungen dem zugrunde liegen. Die Architektur sieht vor, den Kontext der Buchungen in die Suchdatenbank auszulagern. Diese basiert auf Dokumenten, das heißt, ein Datensatz wird nicht in eine vorhandene Tabelle geschrieben, sondern für jeden Datensatz wird ein eindeutiges Dokument (Menge an Attributswerten) erstellt. In diesem ver-netzten Modell ist es möglich, von Buchungen, welche in Solr gelistet sind, auf Verbindungen in der neo4j-DB zu schließen und umgekehrt von Verbindungen in der neo4j-DB auf Buchungen in Solr.

5. Entwicklung des Datenimports: Es wird ein Werkzeug benötigt mit dem es möglich ist, die GDPdU-Daten in die Datenbanken zu portieren. Hier ist es essentiell eine performante Lösung zu finden, da Dateigrößen von meh-reren Gigabyte zu erwarten sind (getestet wurde der Import mit einer Datei von mehr als zwei Gigabyte).

---

31 „GDPdU-Beschreibungsstandard." [Online]. Verfügbar unter: http://audicon.net/downloads/330. [Zugegriffen am: 23.02.2015].

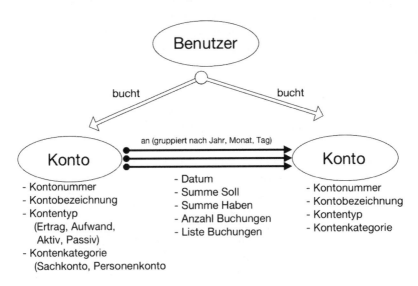

Abb. 3: Datenmodell für die Graphen-DB

4.2 Präsentation im Internet-Browser

Bewusst wird der Benutzeroberfläche, der Kommunikation zwischen Benutzer und System, große Beachtung geschenkt. Im Vorfeld dieser Arbeit konnte ein Einblick in den Alltag eines Prüfers gewonnen werden. Dabei fiel auf, dass der Analyst keine große Bereitschaft zeigt, selbstständig komplexere Algorithmen und Berechnungen zu entwickeln und in das Analyse-System zu integrieren. Dafür stehen auch meistens nicht die zeitlichen Ressourcen zur Verfügung. Durch die Erfahrung der hohen Benutzerfreundlichkeit vieler mobiler Anwendungen oder moderner Suchmaschinen ist die Idee entstanden, solche Konzepte auch in die Datenanalyse zu übertragen. Möglichst soll das gewünschte Ergebnis mit einem Klick dargestellt werden. Deshalb soll in der Präsentationsschicht auf diese Modelle aufgebaut werden. Die Attraktivität, sich mit der neuen Anwendung zu befassen, erhöht sich und senkt auch den Schulungsaufwand. Durch die Entwicklung einer browserbasierten Webanwendung stehen eine Reihe moderner Technologien zur Verfügung, die diese Gestaltung ermöglichen.

Der Anwender kann seine Anfrage wie bei gewöhnlichen Suchmaschinen im Internet in ein zentrales Textfeld eingeben. Der Suchterm, wird dann vom Webserver interpretiert und die passenden Daten zurückgeliefert. Es ist durchaus ein realistischer Gedanke im prüferischen Kontext, eine gute Semantik bereitstellen zu können. Durch spezielle Schlagwörter lassen sich nach bestimmten Knoten oder Verbindungen suchen, lässt sich die Datenbasis filtern (z.B. Datum der Buchung oder Kontentyp) oder ein bestimmter Analysebefehl absetzen. Beispielsweise wird durch Eingabe des Stichwortes „SUSA" die Summen- und Saldenliste geladen. Es ist notwendig, bei einer Realisierung eine geeignete Ontologie zu entwickeln und in der Software zu hinterlegen, um die Sprache zwischen Mensch und Maschine zu vereinheitlichen.

Wird ein Suchterm ohne ein bestimmtes Schlüsselwort eingegeben, so erfolgt eine klassische Suche. Dabei werden Konten und Buchungen nach einem oder mehreren Suchwörtern durchsucht. Hierbei sendet der Webserver die Suchanfragen getrennt an die Graphen-Datenbank sowie an die Suchplattform. Die Rückgabe ist dann eine Liste von zutreffenden Konten und Buchungen.

Es ist wichtig, dem Prüfer ein vertrautes Anwendungsbild zu geben. Aufgrund dessen hat der Anwender die Möglichkeit, Konten aus der Summen- und Salden-Liste auszuwählen oder nach Ertrags-/Aufwandskonten bzw. Aktiv-/Passivkonten und deren Kategorien zu filtern. Auch in der Liste der Suchergebnisse ist es möglich einzelne Konten auszuwählen um sie anschließend zu visualisieren. In Prototypen wurden die Matrix-, Netz- und Pfadansicht realisiert.

Der erste Schritt der Analyse ist somit die Auswahl einer Teildatenmenge. Dieser ist für eine heuristische Vorgehensweise nahezu der wichtigste, da er entscheidet welcher Ausschnitt der Grunddaten letztendlich im weiteren Analysevorgang verarbeitet wird. An der Heuristik in der Prüfung können sicherlich Optimierungen vorgenommen werden, was auch in vorherigen Abschnitten bereits erwähnt wurde. Doch für einen ersten Applikationsentwurf ist es von Vorteil, darauf aufzubauen und zu versuchen, bereits Bewährtes mit Neuem zu kombinieren. Nach der Datenauswahl können die eigentlichen Prozeduren zur Darstellung der Daten ausgeführt werden.

4.3 Visualisierung des Netzwerks

Die Visualisierung, das Darstellen von Informationen, wird oft der reinen grafischen Gestaltung zugeordnet. Doch die besten Lösungen haben ihren Ursprung in den Daten. Um diese gekonnt darzustellen, ist es nötig, zu verstehen, was diese bedeuten, was sie in der realen Welt repräsentieren und in welchem Kontext sie zu interpretieren sind.[32] Es folgt die Visualisierungen der Netzwerkdaten. Dazu werden verschiedene Darstellungsformen für Graphen präsentiert (vgl. Abbildungen 4 und 5).

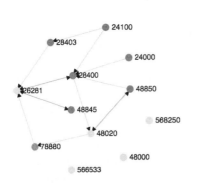

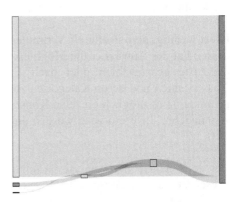

Abb. 4: Netzdarstellung von Konten und deren Buchungen

Abb. 5: Anonymisiertes Sankey-Diagramm zur Darstellung von Knoten mit Wertigkeiten

Der nächste Schritt der Entwicklung ist, mehr Dynamik in die Visualisierungen zu integrieren. Klickt der Anwender auf die Konten oder Buchungsflüsse, so müssen relevante Informationen dargestellt werden. Allgemein stört an dem Prototyp, dass in der Regel erst die Auswahl auf bestimmte Konten getätigt werden muss, um die visuelle Analyse zu beginnen.

Der praktische Teil dieser Arbeit versucht, mit der Konzeption und Entwicklung eines Prototyps die Machbarkeit eines netzwerkorientierten Journal Entry Tests zu begründen. Dabei wird man mit diversen Problemen aus der Praxis konfrontiert. Eine sehr hohe Komplexität der Echtdaten kann durch eine intelligente Datenhaltung gelöst werden. Tests überzeugen hier mit einer hohen Performance. Bei der Darstellung von Netzwerken muss schon im Vorfeld klar sein, welche Information dem Benutzer übermittelt werden soll. Ansonsten wird die Visualisierung schnell unübersichtlich. Der Prototyp beinhaltet nicht die Verwendung von Methoden zum Abbau der Heuristik. Diesem Thema wird der nächste Abschnitt gewidmet.

---

[32]   N. Yau, Data Points: Visualization That Means Something. John Wiley & Sons, S. 41, 2013.

5 Neue Prüfungsansätze durch Data Mining

Während der Entwicklung der Prototypen wurde erkannt, dass das wahre Potential des graphentheoretischen Ansatzes mit heuristischer Herangehensweise nicht ausgeschöpft werden kann. Erst wenn die mathematischen Verfahren auf den gesamten Datenstamm angewendet werden, bietet sich die Chance, die bekannte Nadel im Heuhaufen zu finden.

Im risikoorientierten Prüfungsansatz folgt der Prüfer meistens einer sehr bestimmten, quantitativen Fragestellung (z.B.: Hat Benutzer XY unberechtigte Buchungen getätigt?). Doch hat es auch seinen Reiz, wenn qualitativ, also mit einer offenen Fragestellung, in die Prüfung eingestiegen wird (z.B.: Welche Konten weisen ein auffälliges Verhalten auf?).

Bei kleinen Unternehmen lassen sich Buchungsnetze noch einfach darstellen und manuell analysieren, doch in größeren Unternehmen ist mit mehreren Millionen Transaktionen zu rechnen. Ein solches Netz ist nicht mehr ohne weiteres zu analysieren, geschweige denn übersichtlich darzustellen. Es ist zwar möglich, Knoten und Verbindungen zu konsolidieren, um eine unübersichtliche Darstellung zu verhindern. Dies bringt jedoch das Problem mit sich, dass die versteckten Fehler weiter verdichtet werden und anschließend noch schwieriger auffindbar sind. Hier gerät der Datenanalyst schnell in einen Zwiespalt. Zwar sind alle notwendigen Buchungsdaten vorhanden, rein statistisch befinden sich darin auch Fehler, doch die Methoden zum Auffinden dieser bewegen sich meistens nur auf eingradiger Verbindungsebene. Es ist zwar einen ungemeiner Datenreichtum vorhanden, doch die Informationen, die bis dato daraus gewonnen werden, sind noch relativ arm. Data-Mining kann hier geeignete Algorithmen liefern, um den entscheidenden Durchbruch zu finden.

Eine eindeutige Definition von Data-Mining ist nicht gegeben. Vielmehr ist Data-Mining eine interdisziplinäre Thematik, die sich mehr als „knowledge mining from data" verstehen lässt, also Informationsgewinnung durch Daten. In Abbildung 6 wird Data-Mining als Prozess der Informationsgewinnung aufgefasst.[33]

---

[33] J. Han, M. Kamber, und J. Pei, Data Mining: Concepts and Techniques. Elsevier, S. 6-7, 2011.

Wesentliche Felder des Data-Mining sind Clustering, Klassifikation, Korrelation und Regression. Gerade im Bezug auf die Graphentheorie sind spezielle Ansätze entstanden. Zum Beispiel lassen sich gewissen Anomalien in Netzen oder Gruppen (Cluster) ähnlicher Knoten durch mathematische und statistische Methoden erkennen. Zu diesem Zeitpunkt kann jedoch nur auf die Chance dieses Ansatzes hingewiesen werden, eine Integration in dieses Projekt hätte den Umfang gesprengt.

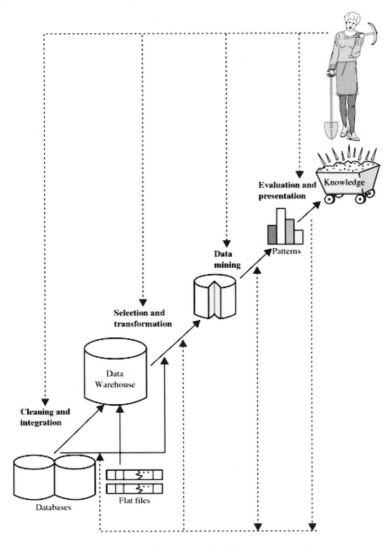

Abb. 6: Data-Mining als Schritt im Prozess der Informationsgewinnung

6 Diskussion der Ergebnisse

Das Projekt prüfte die praktische Machbarkeit von Journal Entry Tests unter Verwendung der Netzwerkstruktur. Dabei spielte es eine große Rolle, einen möglichst großen Bezug zur Realität herzustellen. So musste auf wichtige Randbedingungen der Wirtschaftsprüfer, der modernen Softwareentwicklung und der Graphentheorie Rücksicht genommen werden. Aus diesem Grund wurde zusätzlich an der Umsetzung einer zukunftsorientierten Analysesoftware gearbeitet. In dieser konnte dann die Netzwerkstruktur des Buchungsjournals integriert werden.

In mehreren Entwicklungsebenen wurde mit dem Ansatz der Netzwerkstruktur in Buchungsjournalen experimentiert beginnend bei Graphen-Datenbanken für die Datenhaltung über graphentheoretische Algorithmen bis hin zu der Visualisierung von Netzwerken. Schnell war das große Potential der Transformation des Buchungsjournals in einem mathematischen Graphen zu erkennen. Auf Datenebene überzeugte die Performance der Graphen-Datenbank, auf vernetzte Daten zuzugreifen. Um die Abfragezeiten bei Volltextsuchen zu optimieren, wurde die Graphendatenbank durch eine isolierte Suchmaschine ergänzt. Dies brachte einen entscheidenden Mehrwert bei expliziten Analysehandlungen. Bei der Visualisierung von Netzwerkstrukturen ist es wichtig, sich stark daran zu orientieren, welche Informationen genau dem Anwender übermittelt werden sollen. Eine bloße Darstellung des Netzes mit der Hoffnung, dass der Prüfer darin etwas Verdächtiges findet, ist nicht erfolgsversprechend. Im Experiment wurden lediglich einfache Algorithmen und mathematische Funktionen umgesetzt. Es konnte bestätigt werden, dass konventionelle Prüfungsfragen (z.B. das Generieren einer Summen- und Saldenliste) ergänzt werden können mit Methoden aus der Graphentheorie (z.B. kürzester Pfad zwischen zwei Konten). Mit dieser Aufgabe entwickelte sich ein weiteres Problem. Bei dem entwickelten Softwarekonzept muss vor der Analyse oder dem Test ein Teilbereich des Buchungsstoffes ausgewählt werden. Eine Analyse des gesamten Netzwerks ist noch nicht möglich. Dies beschneidet jedoch die eigentliche Stärke des netzwerkorientierten Ansatzes. Um diese Lücke zu schließen, wurden die Chance von Methoden aus dem Data-Mining vorgestellt. Dabei wurde auf Techniken des Clustering von Graphen eingegangen und ein Algorithmus zur Anomalie-Erkennung in Graphen erklärt. Auch wurden Interpretationen dieser Methoden für den Einsatz bei Journalprüfungen gefunden.

Das Potential der Prüfung des Buchungsjournals unter Verwendung von Netzwerkstrukturen wurde schnell erkannt. Dies zeigte auch der entwickelte Software-Prototyp. Zwischen Potential und einer tatsächlichen Anwendung in der Praxis stehen jedoch noch Dimensionen. Die Breite an skizzierten Anforderungen kann auf den hohen Arbeitsaufwand und auf das benötigte Wissen hinweisen. Eine Umsetzung wird erst dann erfolgreich sein, wenn Wirtschaftsprüfer und Informatiker nahtlos an einer Lösung arbeiten. Bei der Entwicklung graphentheoretischer Modelle, Algorithmen und Visualisierungen wird unausweichlich Wissen über den Alltag und die Vorgehensweise der Wirtschaftsprüfer benötigt. Nur weil sich beispielsweise eine Auffälligkeit mathematisch feststellen lässt, bedeutet dies nicht, dass diese auch für den Wirtschaftsprüfer relevant oder erwünscht ist.

Ein Problem war tatsächlich die Breite der Fragestellung. Wie oben bereits erklärt, musste auf viele unterschiedliche Thematiken eingegangen werden. Deshalb war es nicht möglich, bei brisanten Themen in die Tiefe zu gehen, beispielsweise besitzt die Modellierung der Graphen-Datenbank weiteres Optimierungspotenzial. Somit soll diese Arbeit auch als Inspiration für eine Weiterentwicklung dieses Ansatzes dienen. Abschließend bleiben neue Fragen und Aufgaben, welche sich durch Erkenntnisse dieser Ausarbeitung gebildet haben:

- Wie lässt sich Data-Mining in den Prüfungsalltag integrieren?
- Welche graphentheoretischen Muster können in einem Buchungsnetz gefunden werden?
- Welche Möglichkeiten einer Visualisierung von Buchungsnetzen gibt es und wie lässt sich darin eine wertvolle Information darstellen?
- Wie ist eine Webanwendung als dedizierte Software für den Einsatz in der Wirtschaftsprüfung aufzubauen?
- Wie lassen sich unterjährige Mutationen eines Buchungsnetzes netzwerkanalytisch auswerten?

Datenanalyse als Vorbote für die zukunftsorientierte Risikobewertung im Mittelstand

Günter Müller
Unternehmensberatung Müller

Anton Grening
dab:GmbH

Inhaltsübersicht

1 Bedeutung Mittelstand

Eine allgemein akzeptierte oder gesetzlich vorgeschriebene Definition für den Mittelstand gibt es nicht. Aus quantitativer Sicht bezieht sich der Mittelstandsbegriff auf Unternehmen aller Branchen einschließlich des Handwerks und der Freien Berufe, die eine bestimmte Größe nicht überschreiten.

Die in Deutschland gebräuchliche Bezeichnung für den Mittelstand steht somit nach quantitativen Kriterien für die kleinen und mittleren Unternehmen und nach qualitativen Kriterien für Familienunternehmen.

Das Institut für Mittelstandsforschung (IfM) in Bonn definiert kleine und mittlere Unternehmen wie folgt:

Unternehmenstyp	Mitarbeiterzahl	Jahresumsatz
Kleines Unternehmen	Weniger als 10	weniger als 1 Mio.€
Mittleres Unternehmen	10 bis 500	weniger als 50 Mio.€

Bei Betrachtung der aktuellen Kenndaten wird augenscheinlich klar, dass dem deutschen Mittelstand eine entscheidende Rolle im Konstrukt der deutschen Wirtschaft obliegt. So ließen sich 2009 mehr als 99% aller deutschen Unternehmen als Kleine und Mittlere Unternehmen (KMU) identifizieren, welche mehr als 60% aller Arbeitsplätze stellen (IfM Bonn). Nicht zuletzt dieser Tatsache verdankt der Mittelstand den Umstand, dass er als „Rückgrat der deutschen Wirtschaft" oder als „fester Anker" im Globalisierungsprozess betitelt wird, was sich auch zunehmend durch die stärkere Betrachtung in der wissenschaftlichen Forschung manifestiert.

Der Mittelstand in Deutschland umfasst nach quantitativer Definition

- rund 99% aller umsatzsteuerpflichtigen Unternehmen, in denen knapp
- 66% aller sozialversicherungspflichtigen Beschäftigten angestellt sind,
- rund 38% aller Umsätze erwirtschaftet werden sowie
- rund 83% aller Auszubildenden ausgebildet werden.

Betrachtet man hingegen nur die Familienunternehmen, zeigt sich die volkswirtschaftliche Bedeutung an folgenden Daten:

- Etwa 95% der in Deutschland ansässigen Betriebe und Unternehmen werden als Familienunternehmen geführt.
- Sie tragen etwa 42% zum Umsatz aller Unternehmen bei und
- stellen 57% aller Arbeitsplätze.

Quellen: *Mittelstands- und Wirtschaftsvereinigung der CDU Berlin, Bundesagentur für Arbeit, Bundesinstitut für Berufsbildung, Institut für Mittelstandsforschung Bonn, ifo Institut, Statistisches Bundesamt, Stifterverband für die Deutsche Wirtschaft, Institut der deutschen Wirtschaft Köln*

Weitere Kennzahlen zum Mittelstand:

- 99% aller Unternehmen erzielen einen Jahresumsatz unter 50 Mio.€ und haben weniger als 500 Mitarbeiter
- 82% aller Auszubildenden sind in Betrieben mit weniger als 500 Mitarbeitern unter Vertrag
- 79% aller Beschäftigten arbeiten in Betrieben mit weniger als 500 Mitarbeitern
- 46% aller Investitionen entfallen auf Unternehmen mit weniger als 500 Mitarbeitern
- 15% der Ausgaben für Forschung und Entwicklung entfallen auf Betriebe mit weniger als 500 Mitarbeitern

Volkswirtschaftlich gesehen kommt der Mittelstand in Deutschland aufgrund der immer weiter fortschreitende Globalisierung und weltweit tätiger Kapitalgesellschaften zunehmend unter Wettbewerbsdruck. Nicht zuletzt aufgrund dieser Entwicklung und der Leistungsstärke des deutschen Mittelstands ist er in vielen Branchen stark und auf Erfolgskurs.

Die Wirtschafts Woche stellt die wachstumsstärksten Unternehmen vor, die in ihrer Nische eine führende Stellung auf dem Weltmarkt einnehmen. Um die Wachstumsstärke der mittelständigen deutschen Weltmarktführer zu vergleichen, bedient sich die Wirtschafts Woche eines Index des Ökonomen David L. Birch vom Massachusetts Institut of Technology in der Nähe von Boston. Dieser nach ihm benannte Index multipliziert den absoluten Umsatzzuwachs mit den prozentualen. Das relativiert sowohl das prozentuale Wachstum junger Betriebe als auch das absolute Wachstum bereits großer Unternehmen. Eine Analyse dieser 30 Besten des deutschen Mittelstands zeigt folgendes Bild:

- Diese 30 Unternehmen beschäftigen 77.000 Mitarbeiter
- Der Umsatz dieser Unternehmen hat sich von 2002 zu 2012 verdreifacht und beträgt ca. 17 Mrd.€
- Die durchschnittliche Mitarbeiterzahl beträgt 2.600
- Grundsätzlich werden die Unternehmen in Form einer Holding geführt
- Erhebliche Anzahl von Konsolidierungsgesellschaften weltweit von 4 Gesellschaften bis 50 Gesellschaften
- Diese Unternehmen stellen letztendlich auch schon Konzerne dar
- Es werden auch bei diesen Gesellschaften schon weltweite Informations- und Kontrollsysteme benötigt

2 Wertorientierte Unternehmensführung im Mittelstand

2.1 Grundsätzliches

Ergebnisse einer empirischen Studie von Krol, Florian aus dem Jahre 2009 zeigt folgendes Bild:

- Insgesamt zeigt sich, dass wertorientierte Kennzahlen und Managementinstrumente nur relativ selten Anwendung in der mittelständigen Unternehmensführung finden.
- Im Rahmen der Zielformulierung wird vor allem auf eher traditionelle Kennzahlen wie Gewinn oder den Umsatz beziehungsweise den Marktanteil zurückgegriffen.
- Der Mangel an strategischer Ausrichtung der Unternehmensführung lässt sich zum Teil durch die starke Einbindung der Geschäftsführung in operative Tätigkeiten erklären, wodurch weniger Zeit für langfristig wertschaffende Strategieplanung verbleibt.
- Zudem fehlen oft eigenständige Controlling-Abteilungen, um die notwendige Führungsunterstützung zu gewährleisten.

2.2 Handlungsbedarf

Bevor man sich in den Unternehmen Gedanken über die Möglichkeit von digitaler Datenanalyse und den Einsatz entsprechender technischer Hilfsmittel macht, sollte sich die Unternehmensleitung vorab zur veränderten Form der Unternehmensführung bekennen. Die vorstehende Studie macht meines Erachtens sehr deutlich, dass unsere Verantwortlichen im deutschen Mittelstand noch nicht soweit sind. Ich sehe jedoch für die zukünftige Entwicklung ein zwingendes Umdenken in den Unternehmen. Das Umdenken der Führungskräfte im Mittelstand erstreckt sich sowohl auf die Philosophie, die Organisation und auch die Entscheidungen.

Mit herkömmlichen Mitteln wie z.B. Erfahrung der Geschäftsführer, Wissen über den Markt, allgemeine Kennzahlen des Rechnungswesens und den Hinweis „ich habe mein Unternehmen im Kopf" lässt sich zukünftig ein mittelständiger Konzern nicht mehr führen.

Neben den äußeren Einflüssen kommen noch Veränderungen in den Unternehmen hinzu. Hier stellt für mich der Generationswechsel eine besondere

Herausforderung dar. Die Junge Generation verfügt noch nicht über die notwendigen modernen Instrument und die ältere Generation (in der Regel Aufsichtsrat oder Beirat) akzeptiert die neuen Werkzeuge nicht und hat keinen guten Zugang zu den damit gewonnenen Erkenntnissen.

Fazit: Bevor man sich Gedanken über Software, Skripte und Organisation macht, bedarf es einer umfangreichen Überzeugungsarbeit der „Alten". Hier passt der Spruch: „Gebt der Jugend doch die Chance", denn die Führung eines Konzerns im Vergleich zum klassischen Familienunternehmen hat sich stark gewandelt.

2.3 Weitere Motivationspunkte

Neben den vorbeschriebenen grundsätzlichen Punkten gibt es noch weitere sehr sachlich getriebene Themen. Die wesentlichen sind:

- Big Data Analysen bisher nur für Konzerne entwickelt
- Schnelle und fundierte Managemententscheidungen
- Wettbewerbsfähigkeit
- Globalisierung im Mittelstand

3 Analysebereiche

Durch die Digitalisierung und den gesetzlichen Aufbewahrungsfristen werden auch im Mittelstand umfangreiche Daten gespeichert. Diese Datenbestände sind bis dato noch vorrangig auf das operative Geschäft und die gesetzlichen Anforderungen ausgerichtet. Eine ausgeprägte Datenaufbereitung ist derzeitig noch nicht gegeben.

Aufgrund der Tatsache, dass die im Rahmen von Datenanalysen für die Bereiche

- Revision
- Trendbeobachtung
- Risikomanagement
- Managementinformationssystem

grundsätzlich auf den gleichen Datenbestand zurückgegriffen werden muss, bietet sich zwangsläufig und auch aus wirtschaftlichen Gründen eine Verknüpfung und Verzahnung der Analysen an. Die Datenanalyse stellt sich wie folgt dar:

- Aufbereitung
- Standardanalysen
- Spezielle Analysen
- Blick zurück (Revisionsansatz)
- Darstellung von Trends (Managementinfo)
- Blick in die Zukunft (Risikobewertung und Managementbetrachtung)

Für die Durchführung solcher Analysen bietet der Markt sowohl Software als auch entsprechende Standardabfragen. Wichtig ist jedoch, dass ein entsprechendes Wissen in den Unternehmen aufgebaut wird um auch die richtigen Abfragen zu definieren und die Ergebnisse zielgerichtet zu interpretieren.

4 Aktuelle Entwicklungen in der Datenanalyse

4.1 Big Data

Der Ausdruck „Big Data" ist nicht nur ein Thema mit dem sich große Unternehmen beschäftigen. Auch im Mittelstand wird viel mit digitalen Daten gearbeitet, welche teilweise enorme Ausmaße annehmen können. Doch welchen Nutzen hat man davon und was verbirgt sich hinter Big Data eigentlich genau?

Die Herkunft des Begriffs selbst, mit seiner heutigen Verwendung, lässt sich nicht eindeutig bestimmen. Allerdings macht sich bei Google Trends, einem Dienst der Google Inc. der angibt mit welcher Häufigkeit bestimmte Suchbegriffe bei der wohl bekanntesten Suchmaschine angefragt werden, ab 2011 ein steigendes Interesse bemerkbar, woraufhin ein regelrechter Hype entstand.

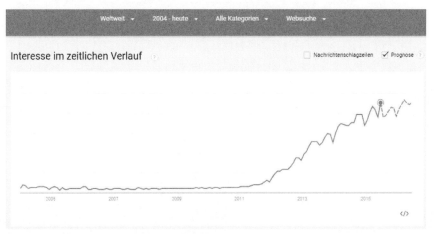

Abb. 1: Google Trend zum Suchbegriff big data[1]

Die meisten verbinden mit Big Data vermutlich in erster Line ausschließlich große Datenmengen, denn das Wachstum der Datenberge ist vor allem in den vergangenen Jahren kaum zu übersehen. Zu diesem Anstieg der Datenmengen hat die International Data Cooperation eine Studie veröffentlich, in der die weltweite Datenmenge in 2013 auf 4,4 Zettabytes geschätzt wird.[1] Eine

---

[1]   EMC Digital Universe with Research & Analysis by IDC - The Digital Universe of Opportunities: Rich Data and the Increasing Value of the Internet of Things (Executive Summary) April 2014

schwer vorstellbare Menge, die sich alle zwei Jahre auch noch mehr als verdoppeln soll.

Doch die Menge der Daten alleine ist nicht alles was Big Data ausmacht. Das US-amerikanische IT-Marktforschungs- und Beratungsunternehmen Gartner beschreibt diesen Begriff als dreidimensional und zählt neben dem Volumen (Datenmenge), noch Velocity (Geschwindigkeit) und Variety (Datenvielfalt) als Säulen dieser Entwicklung auf. Andere Unternehmen gehen sogar weiter und ergänzen um weitere V's wie zum Beispiel Veracity für die Wahrhaftigkeit der Daten.

Auch wenn es nicht einfach ist hier eine allgemeingültige Definition zu schaffen, lässt sich nicht abstreiten, dass dieses Thema einen wichtigen Stellenwert hat. Denn diese über Jahre hinweg gesammelten Daten beinhalten Informationen, die zu Wissen verarbeitet werden können und dem Unternehmen so Wettbewerbsvorteile generieren. Das stetig steigende Interesse für diesen Bereich und die Google Trends Prognose für die Zukunft bestätigen, dass uns dieses Thema vermutlich auch die nächsten Jahre beschäftigen wird.

4.2 Predictive Analytics

Ähnlich wie die Prognose in dem vorherigen Beispiel, die auf Basis von digital gesammelten Daten getroffen wird, funktioniert auch Predictive Analytics. Die Fähigkeit etwas vorherzusagen, war schon immer Wunsch der Menschen, doch in der heutigen Zeit ist das mit den richtigen Mitteln schon lange Realität. Im Finanzsektor werden vorhersagende Analysen schon seit Jahren angewandt, um zum Beispiel Wertpapierkurse zu bewerten. Auch Unternehmen setzen in vergangener Zeit für die Absatz- und Produktionsplanung verstärkt auf diese Datenanalyseverfahren.

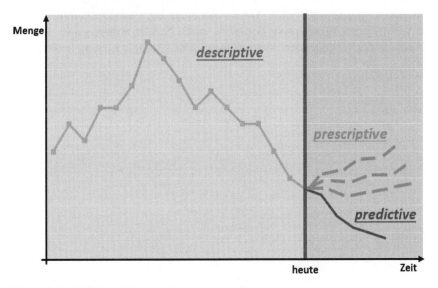

Abb. 6: Schaubild descriptive-predictive-prescriptive

Warum das Thema für Unternehmen immer interessanter wird, lässt sich mit den Big Data Entwicklungen begründen und der Tatsache, dass die dafür benötigten Daten vorhanden sind. Nur das enthaltene Wissen muss erst daraus gewonnen werden und zwar solches Wissen, das die Zukunft betrifft und nicht den aktuellen Stand beschreibt, so wie es vorwiegend herkömmliche Business Intelligence Anwendungen machen. Durch mathematische und statistische Muster- und Trendanalysen schafft Predictive Analytics eine Prognose, die auf Datenbeständen des Unternehmens beruht, aber auch unstrukturierte und externe Daten enthalten kann. Möchte man Predictive Analytics im Gesamtkontext der Datenauswertungen eingliedern, so unterscheidet man zwischen drei Arten von Analysen: *descriptive, predictive und prescriptive*[2]

---

[2]   White Paper - Descriptive, predictive, prescriptive: Transforming asset and facilities management with analytics IBM October 2013.

Bei den beschreibenden Analysen (descriptive) geht es tatsächlich rein um die vergangenen Ereignisse. Kennzahlen und Gründe für Erfolge und Misserfolge werden mit einfachen Verfahren ermittelt und für die Vergangenheitsbetrachtung beziehungsweise eine Ist-Analyse herangezogen. Eine vorhersagende Analyse (prescriptive) hingegen, versucht anhand der gesammelten Daten Erkenntnisse für die Zukunft zu gewinnen. Dafür sind nicht der aktuelle Stand oder einzelne Ereignisse entscheidend, sondern der gesamte Verlauf und Faktoren die diesen beeinflussen können. Bei vorschreibenden Analysen (prescriptive) geht es darum, durch Simulationen oder andere Methoden Möglichkeiten zu testen, um die bestmögliche Entscheidung zu treffen. Predictive Analytics sagt einem lediglich vorher, was einen höchstwahrscheinlich erwartet. Wohingegen Prescriptive Analytics einen Schritt weiter gehen und auf Grundlage der vorgehenden Auswertungen eine optimale Lösung liefert.

4.3 GRC-Management

Unter *GRC-Management* versteht man die Regelung der drei wesentlichen und eng verzahnten Handlungsebenen eines Unternehmens. Zum einen der *Governace*, der Steuerung des Unternehmens anhand von definierten Vorgaben. Zum anderen des *Risk Managements*, dem richtigen Umgang mit Risiken und den dazugehörenden Entscheidungen. Und zu Letzt dem *Compliance*, dem Einhalten von Normen und Regeln, die dem Unternehmen vorgegeben werden oder solchen die es sich selbst setzt. Abgekürzt mit GRC sollen diese drei Teilbereiche in einem ganzheitlichen Ansatz gesehen werden und so zu einer erfolgreichen Unternehmensleitung führen. Denn Aufgabe des *GRC-Managements* ist es sicherzustellen, dass das Unternehmen sein Ziel, die Wertschöpfung, erreicht und so eine langfristige Überlebensfähigkeit erhält.[3] Dafür müssen zentrale Entscheidungen getroffen werden, die im Idealfall gut begründet sind und nicht nur auf Erfahrungswerten einer einzelnen Person basieren.

Vor allem bei mittelständisch strukturierten und familiengeführten Unternehmen ist die Gefahr hoch, dass solche wegweisenden Entscheidungen eher von dem Bauchgefühl abhängig sind als von fundierten Situationsanalysen. Selbstverständlich sind Erfahrungswerte aus der Vergangenheit und ein gutes Einschätzungsvermögen des Entscheidungsträgers wichtige Punkte die hier einfließen, allerdings hat eine Person alleine ein viel kleineres Blickfeld auf die Situation, als eine Datenanalyse die unzählige Faktoren berücksichtigen kann und so ein viel umfassenderes Bild vermittelt. Aus diesem Grund empfiehlt es sich unternehmerische Daten in einer Softwarelösung zu verwalten und hieraus alle wesentlichen Kennzahlen zu ziehen, die bei dem Treffen aller maßgeblichen Entscheidungen unterstützend wirken.

---

[3] Neumann, F. (Hrsg.): Governance, Risk Management und Compliance. Innovative Konzepte und Strategien. Wiesbaden 2010.

5 Analysebeispiele

Mögliche Einsatzgebiete für die Auswertung von Unternehmensdaten gibt es unzählige. Für diese Beispiele sollte der Fokus allerdings auf die Kombination von den im Vorfeld erläuterten Begriffe: *Big Data, Predictive Analytics* und *GRC Management* gesetzt und entsprechende Ansätze gefunden werden. So ist es beispielsweise bei einer Auswertung von Maschinenausfallzeiten möglich, eine vorhersagende Analyse auf die Basis von über Jahre hinweg gesammelten Daten anzusetzen. Das Management kann dann mit einer solchen Analyse die Wartung und Auslastung der Maschinen optimieren und so Ausfälle und Kosten minimieren.

Des Weiteren lassen sich auch Unternehmensprozesse hervorragend auswerten und Schlüsse daraus ziehen. Betrachtet man zum Beispiel das Zahlungsverhalten der Kunden oder eigene Rechnungsabwicklungsvorgänge über einen längeren Zeitraum, so können sich hier Trends abbilden, die für die Entscheidungsfindung herangezogen werden können. Zum Beispiel kann es sich als nützlich erweisen die Zahlungsmoral eines Kunden und dessen Trendentwicklung zu betrachtet, wenn es um das Festlegen von Zahlungsbedingungen für größere Aufträge geht oder wenn eigenen Prozesse im Unternehmen genauer beleuchtet werden, um Schwachstellen oder negative Entwicklungen frühzeitig zu erkennen. Wenn die Datenqualität stimmt und die Daten in einem entsprechenden Umfang vorliegen, ist es einfach, hier entsprechende Analysen aufzusetzen. An einem konkreten Beispiel lässt sich das an der Auswertung von Abwicklungszeiten von Wartungsaufträgen gut demonstrieren.

Hier wird häufig mit sogenannten Aufmaßen gearbeitet, was vordefinierte Arbeitsschritte sind, die jeweils einzeln abgerechnet werden und einen gewissen Prozess durchlaufen:

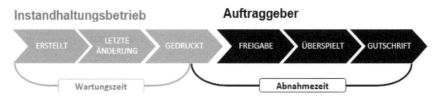

Abb. 3: Prozess der Abwicklung von Aufmaßen

In der Wartungszeit arbeitet der Instandhaltungsbetrieb an dem Objekt und führt die benötigten Prüfungen oder Reparaturen durch. Nach Abschluss der

Tätigkeiten werden diese vom Auftraggeber abgenommen. Erst wenn das Ergebnis mit den Vereinbarungen übereinstimmt erfolgt eine Gutschrift. Diese Zeit, vom Abschluss der Arbeiten des Instandhaltungsbetriebs bis zur Gutschrift, wird als Abnahmezeit definiert. Während ein Aufmaß den Prozess durchläuft, wird es bei jedem Abschnitt mit einem Datum versehen. Diese Information kann anschließend verwendet werden, um die jeweiligen Zeitabstände zu ermitteln und so über das Bilden von Durchschnittswerten und Betrachtung von mehreren Jahre hinweg die Trendentwicklung zu analysieren. D.h. es wird der Frage nachgegangen, ob der Prozess im Schnitt immer länger dauert oder eventuell sogar weniger Zeit benötigt als in der Vergangenheit. Diese Erkenntnis kann im Risikomanagement verwendet werden, wenn es darum geht Finanzierungsverluste zu bewerten. Benötigt der Auftraggeber beispielsweise merklich immer mehr Zeit für die Abnahme der einzelnen Wartungsarbeiten, kann das auf Dauer ein Risiko darstellen. Auf der anderen Seite kann es ebenso zu Engpässen führen, wenn der Instandhaltungsbetrieb bei ähnlichen Aufmaßen immer mehr Zeit für die Durchführung der Arbeiten benötigt. Eine einfache Datenauswertung kann hier einen Überblick zu den Entwicklungen liefern:

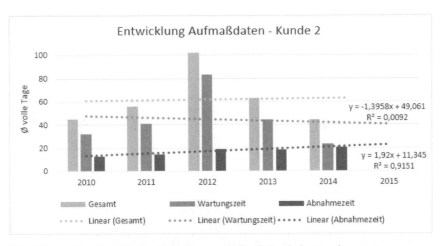

Abb. 4: Beispielergebnis für Trendanalyse von Aufmaß-Bearbeitungszeiten

An diesem Beispiel lässt sich erkennen wie ein mögliches Analyseergebnis ausfallen kann. Da die Bearbeitung eines Aufmaßes von zwei unterschiedlichen Parteien abhängt, sollten diese gesondert betrachtet werden. Die Wartungszeiten des Instandhaltungsbetriebs werden insgesamt im Schnitt immer kürzer, wobei die einzelnen Werte sehr stark von der berechneten Trendgerade abweichen. Dies kann auch am Bestimmtheitsmaß (R^2) abgelesen werden, welches von 0 bis 1 die Abweichung der Werte angibt. Deshalb lässt sich diese nur schwer prognostizieren. Die Abnahmezeiten werden hingehen immer länger und die Werte verhalten sich viel weniger sprunghaft, weshalb angenommen werden kann, dass sich nachfolgen Werte ähnlich verhalten werden und die Abnahmezeiten weiterhin länger werden. Solche Erkenntnisse aus Datenanalysen können anschließend in Risikobewertungen einfließen und für Entscheidungsprozesse herangezogen werden, was deutlich zum Unternehmenserfolg beitragen kann.

6 Fazit

In Zeiten in denen Daten eine immer größer werdende Bedeutung spielen, können über Jahre hinweg gesammelte Daten dazu verwendet werden, um nicht nur vergangene Bewegungen nachzuvollziehen oder Kennzahlen zu ermitteln, sondern auch die zukünftige Entwicklungen zu prognostizieren. Großer Vorteil der Datenanalyse ist, dass dadurch eine Gesamtbetrachtung möglich ist und Entscheidungsträger diese zusätzlich zu ihren Erfahrungswerten und Einschätzungen verwenden können. Außerdem ist es wichtig zu erwähnen, dass das Ergebnis der Datenanalyse von der Datenqualität abhängt und diese bei der Betrachtung der Resultate beachtet werden muss. Allgemein ist es wichtig, die Unternehmensdaten zu kennen, um eventuelle Ausreißer oder Fehleingabe richtig bewerten zu können.

Datenanalyse richtig eingesetzt kann einem Unternehmen erheblich zum Erfolg verhelfen, allerdings setzt vor allem der Mittelstand noch zu selten auf diese Verfahren. Die benötigten Daten liegen bereit zur Verfügung, nur werden Sie nicht genutzt. Doch früher oder später wird jedes Unternehmen ihren Wert erkennen und Erkenntnisse daraus ziehen wollen. Deshalb lieber früher als zu spät!

Die Teilchen-Nadel im Daten-Heuhaufen finden

Dr. Sascha Mehlhase
Lehrstuhl für Elementarteilchenphysik, LMU München

Inhaltsübersicht

1 Abstrakt

Die Analyse von Unmengen von Daten unter der Anwendung von verschiedensten statistischen Verfahren macht heutzutage einen entscheidenden Teil der Arbeit in der Teilchenphysik aus. In diesem Beitrag soll eine Motivation für die Durchführung von teilchenphysikalischen Experimenten gegeben und die experimentellen Methoden vorgestellt werden. Gefolgt von einer Charakterisierung der eigentlichen Daten, schließt der Beitrag mit einer Vorstellung gängiger analytischer Methoden in der Teilchenphysik und einem Blick in die Wirtschaft.

2 Einführung

Das Ziel der Teilchenphysik, und damit der Experimente am Large Hadron Colliders (LHC), ist die Beantwortung einiger der großen Fragen der Menschheit. Von der Frage nach den elementaren Bestandteilen unseres Universums, über der nach den Gründen für bisherige, aktuelle und zukünftige Entwicklung, bis hin zu der Suche nach der Ursache für den offensichtlichen Überschuss an Materie, verglichen mit Antimaterie. Zusammenfassend lässt sich sagen, dass die Teilchenphysik versucht, die Faust'sche Frage nach der Erkenntnis über das, was die Welt im Innersten zusammenhält zu beantworten.

In den vergangenen Jahrzehnten hat sich gezeigt, dass wir zur Beantwortung dieser Fragen ein grundlegendes Verständnis der Physik elementarster Teilchen benötigen. Das Auffinden von Regeln und Gesetzmäßigkeiten und die Einführung von mathematischen Modellen zur Beschreibung von eben diesen können somit zu einem besseren, vollkommeneren Bild der Natur führen. Zur kontrollierten und wiederholbaren Untersuchung der relevanten Prozesse, die besonders im sehr jungen Universum eine Rolle spielten, benötigt die Teilchenphysik Beschleuniger wie den LHC und Experimente wie das ATLAS Experiment.

Alle uns derzeit bekannten Elementarteilchen und ihre Wechselwirkungen untereinander, ausgenommen der gravitativen Wechselwirkung, lassen sich mit enormer Präzision vom Standardmodell der Teilchenphysik beschrieben. Neben den Bausteinen der uns umgebenden Materie, Elektronen und Quarks, beschreibt es insgesamt drei *Familien* von *Materieteilchen* und Wechselwirkungen über den Austausch von *Kraftteilchen*. Das Photon für die elektromagnetische, W- und Z-Bosonen für die schwache und Gluonen für die starke Wechselwirkung. Über den Higgs-Mechanismus und dem damit verbundenen und kürzlich entdeckten Higgs-Teilchen beschreibt es auch einen Mechanismus der die stark unterschiedlichen Massen der Elementarteilchen, wenigstens teilweise, beschreibt.

In den vergangenen Jahren hat sich jedoch gezeigt, dass das Standardmodell nicht alle in der Natur beobachtbaren Phänomene zufriedenstellend erklären kann. Neben der fehlenden Integration der gravitativen Wechselwirkung, stellen die im Standardmodell nicht erklärbaren, experimentell durch sogenannte Neutrinooszillationen jedoch beobachteten, Neutrinomassen und das Vorhandensein von *Dunkler Materie* wohl die zentralsten Probleme dar.

2.1 Experimentelle Methoden

Um ein besseres Verständnis der Physik elementarer Teilchen zu erlangen und reproduzierbare Experimente durchzuführen zu können, sind Teilchenbeschleuniger und entsprechende Detektoren das essentielle Werkzeug in der experimentellen Teilchenphysik. Dabei werden Teilchen zu enorm hohen Energien beschleunigt und zur Kollision gebracht. Die in den Kollisionen vorhandene Energie kann, nach Einsteins Energie-Masse-Äquivalenz ($E = mc^2$) in Masse, d.h. Teilchen, umgesetzt werden. Je höher die vorhandene Energie, umso größer sind die Massen der Teilchen, die in solchen Kollisionen erzeugt werden können. Dies schließt verschiedenste vorhergesagte, bisher jedoch unentdeckte, neue massive Elementarteilchen ein.

Neben Beschleunigern, die Teilchen auf ruhende Ziele schießen und Linearbeschleunigern, die sich aufeinander zu bewegende Teilchen kollidieren, gibt es sogenannte Kreisbeschleuniger, wie den Large Hadron Collider.

Im etwa 27 km langen und 50 bis 100 m unter der Erde gelagerten LHC werden Protonen in zwei gegenläufigen *Strahlen* beschleunigt und an vier Punkten zur Kollision gebracht. Die Protonen bewegen sich dabei in jeweils etwa 2800 Paketen pro Richtung mit je bis zu 100 Millionen Teilchen und umrunden den LHC etwa 11000 Mal pro Sekunde. Insgesamt etwa 9300 supraleitende Magneten sorgen für eine höchstgenaue Bewegung um den Ring und fokussieren und stabilisieren die Strahlen, welche eine kinetische Gesamtenergie tragen die in etwa der eines startenden Jumbojets entspricht. Die vier an den Wechselwirkungspunkten gelegenen Experimente - ATLAS, ALICE, CMS und LHCb - sehen somit alle 25 ns eine Kollision (40 Millionen Mal pro Sekunde).

ATLAS ist, neben CMS, einer der beiden *Mehrzweckdetektoren* am LHC. Mit einer Größe von etwa 45 m x 25 m x 25 m ist er das derzeit größte je von Menschenhand geschaffene Experiment. Mit Hilfe seiner zwiebelschalenartigen Anordnung mehrerer dedizierter Detektorkomponenten, welche den Wechselwirkungspunkt möglichst hermetisch umgeben, und seiner insgesamt etwa 115 Millionen Datenkanäle versuchen Physiker alle in den Kollisionen entstehenden Teilchen zu identifizieren und auszumessen um anschließen ein *Bild* der eigentlichen Wechselwirkung und zu Grunde liegenden Physik rekonstruieren zu können. Dabei werden die eigentlich gesuchten Teilchen in den seltensten Fällen direkt vermessen, sondern ein schier unendlich großes Puzzle von Zerfallsprodukten zusammengesetzt.

Die diesem Puzzle zu Grunde liegenden Rohdaten eines jeden Ereignisses summieren sich zu beeindruckenden 65 Terabyte pro Sekunde, allein für das ATLAS-Experiment. Da diese Datenmengen zum vollen Umfang weder für die Physik interessant noch informationstechnisch verarbeitet werden können, sorgt ein Drei-Stufen Filtersystem innerhalb von Bruchteilen einer Sekunde für eine Vorauswahl, der 99,999% aller Ereignisse zum Opfer fallen. Lediglich ein kleiner Anteil, physikalisch interessanter Ereignisse wird letztlich gespeichert und analysiert. Dennoch sammelt ATLAS mehrere Petabyte an physikalischen Daten jedes Jahr. Zusätzlich entstehen jährlich mehrere Terabyte an Konfigurations-, Zustands- und Monitoringdaten.

2.2 Big Data

Zur Verarbeitung und Analyse der am ATLAS-Experiment gesammelten Daten stehen der Kollaboration etwa 165.000 Rechenkerne an weltweit etwa 60 Rechenzentren zur Verfügung. Im sogenannten LHC Computing Grid, sind elf Großrechenzentren sternförmig ans CERN Rechenzentrum als Zentrum angebunden und fungieren selbst als Cloud-Knoten für weitere untergeordnete kleinere Rechenzentren und einzelne Universitäten und Institute. Über spezielle Software und Zertifikate ist es jedem Mitglied der Kollaboration möglich eigene Analysensoftware auf dem für seine Interessen besten Rechenzentrum laufen zu lassen und anschließend die Ausgabedaten an sein Institut transferiert zu bekommen.

Die Daten der mehr oder weniger unabhängigen Ereignisse, werden in speziell für das ATLAS-Experiment geschriebener Software, in mehreren Schritten sukzessive von Detektorrohdaten in für die Analyse geeignete, objektbasierte Physikdaten überführt. Die Datenspeicherung, -verarbeitung und -analyse erfolgt dabei in einem hauptsächlich am CERN entwickelten, objektorienten Datenanalyse Framework (ROOT). ROOT stellt auch ein spezielles, auf die schnelle Verarbeitung großer Mengen von Kollisionsdaten optimiertes, Datenformat zur Verfügung.

2.3 Datenanalyse

Neben dem Sammeln von Detektordaten spielt die auf theoretischen Modellen basierende Simulation von Kollisionsdaten mittels Monte-Carlo-Programmen eine zentrale Rolle in der Gewinnung von wissenschaftlichen Ergebnissen in der Teilchenphysik. Dabei werden nicht nur der eigentlich von Interesse seiende physikalische Prozess sondern gegebenenfalls auch die bei einer Kollision entstehenden Zerfallsprodukte und deren Weg durch, und Wechselwirkung mit dem Detektor simuliert und somit (idealerweise) von den *echten* Detektordaten nicht zu unterscheidende Ereignisse erzeugt. Diesen Daten sind essentiell für die Bestätigung oder Widerlegung postulierter theoretischer Modelle bzw. können zum allgemeinen Verständnis des Detektors beitragen. Zusätzlich spielen Monte-Carlo-Programme eine wichtige Rolle in der Ermittlung von Konfidenzintervallen und Ausschlussgrenzen zur wissenschaftlichen Ergebnispräsentation.

Ziel der eigentlichen statistischen Datenanalyse ist bei einer Vielzahl von Analysen die Suche nach einem teils winzigen Signal in einem Meer von Untergrund, sprich Ereignissen mit ähnlicher oder gar gleicher Topologie und Signatur im Experiment. Da einige vorhergesagte Teilchen nur in einer aus 10-Millionen-Millionen Kollisionen erzeugt werden ist das Signal-zu-Untergrund-Verhältnis selbst nach den strikten Filterregeln in der Datennahme oft erschlagend klein. Um dennoch ein Ergebnis erzielen zu können spielen neben einer signaloptimierten Selektion die, vorzugsweise datenbasierte, Abschätzung des Untergrunds und die Abschätzung der Messunsicherheiten, sowie letztlich die Berechnung der Konfidenzniveaus eines Signals oder der Ausschlussgrenzen eine zentrale Rolle in einer Analyse.

Abhängig von und optimiert für die jeweilige Analyse finden sowohl *einfache* Selektionsschnitte, als auch verschiedenste multivariate Methoden und Algorithmen aus dem Bereich des Maschinenlernens ihre Anwendung innerhalb der LHC-Kollaborationen. Neben dem Auffinden von optimierten und kombinierten Variablen werden dabei im Rahmen von multivariaten Methoden besonders geboostete Entscheidungsbäume (boosted decision trees) und künstliche Neurale Netze oft zur besseren Signal-Untergrund-Trennung eingesetzt. Dabei setzen multivariate Methoden und speziell Methoden des maschinellen Lernens, sprich die *künstliche* Generierung von Wissen aus Erfahrung, Lernbeispiele beziehungsweise Trainingsdatensätze, meist in der Form von Monte-Carlo-Simulationen gesuchter Prozesse, voraus.

2.4 Blick auf die Wirtschaft

Eine Vielzahl der Werkzeuge, sowohl technologischer als auch algorithmischer und statistischer Natur, die von den Experimenten am CERN genutzt oder sogar für diese entwickelt wurden, finden auch in der Wirtschaft ihre Anwendung. Auf dem Gebiet der Beschleunigertechnik profitiert schon heute speziell die Medizin von den Entwicklungen im Bereich der Teilchenphysik. Die konventionelle Strahlentherapie mit Elektronen und Röntgenstrahlung wird mit Hilfe von Detektoren präziser und weniger belastend für den Körper. Weitere Vorteile im Hinblick auf die Strahlenbelastung von gesundem Gewebe bietet die Entwicklung der Hadronentherapie, welche auch heute noch aktiv am CERN vorangetrieben wird. Auch im Bereich der Isotopenproduktion für die Positron-Emissions-Tomographie (PET), in der Entwicklung von supraleitenden Magneten für die Magnetresonanz-Tomographie (MRT) und in der Ionenbeschleunigerentwicklung zum industriellen Dotieren von Halbleitern haben die Entwicklungen in diesem Zweig der Physik entscheidende Beiträge geleistet.

Neben dem technologischen Wissenstransfer gibt es auch eine wachsende Überschneidung in der Anwendung von analytischen und statistischen Methoden in der Arbeit eines Teilchenphysiker und zum Beispiel der eines Analysten in einem Bankhaus oder eines Data Scientists in einer Handelsgesellschaft. Was bei dem Einen die Suche nach dem Higgs-Boson oder Neuer Physik ist, ist für den Anderen die Risikobewertung von Finanzprodukten oder die Suche nach betrügerischen Verhalten unter den Nutzern einer Internetplattform. Beide suchen die wenigen markanten Signaturen in einer Masse aus Untergrund, beide nutzen Monte-Carlo-Programme, multivariate Methoden und Algorithmen aus dem Bereich des Maschinenlernens.

3 Weiterführende Informationen

Internetseite des CERN - http://www.cern.ch/
Internetseite der ATLAS Kollaboration - http://www.atlas.ch/
Internetseite ROOT Software - http://root.cern.ch/
Toolkit for Multivariate Data Analysis with ROOT -
    http://tmva.sourceforge.net/

GoBD und E-Bilanz im Spannungsfeld zwischen Digitalisierungsstreben und Akzeptanzanspruch

Dr. Lars Meyer-Pries,
DATEV eG, Nürnberg

Inhaltsübersicht

1 Einführung und Zusammenhang: GoBD, E-Bilanz, Datenanalyse, Big Data, Vertrauen und Akzeptanz

Die Finanzverwaltung treibt die Automatisierung des Besteuerungsverfahrens in unterschiedlichen Projekten voran. Neben den naheliegenden Zielen der Kosteneinsparung und Effizienzsteigerung führen bereits die demographische Entwicklung und die Ressourcenknappheit zum forcierten IT-Einsatz, weil absehbar immer weniger Personal und Know-How zur Verfügung stehen werden.

Neben der Automatisierung auf Basis digitaler Daten eröffnet die damit einhergehende Standardisierung der Daten zusätzliche Möglichkeiten der Auswertbarkeit, die über die reine Abwicklung der einzelfallbezogenen Steuerdeklaration hinausgehen. So können die sogenannten Risikomanagementsysteme, mit denen das Ausfallrisiko von Steuern und korrespondierend gleichzeitig die zweckmäßige Auswahl an Betriebsprüfungsfällen gesteuert werden sollen, ebenfalls auf diese Daten zugreifen. Die bisher nicht vorhandenen Auswertungsmöglichkeiten ergeben sich dabei aus dem Poolen von Daten aller Unternehmen und Privatpersonen, die in Deutschland steuerpflichtig sind.

Was im Sinne der Gleichmäßigkeit der Besteuerung und der Bewältigung der Deklaration als Massenverfahren im Hinblick auf die damit verbundenen Datenvolumina nachvollziehbar ist, schürt gleichzeitig Vorbehalte und Ängste bei den Steuerpflichtigen. Analog zu einschlägigen privatwirtschaftlichen Unternehmen wie Facebook und Google wird die Finanzverwaltung als „Datenkrake" wahrgenommen, die das Ziel des „gläsernen Steuerbürgers" verfolgt und dabei beim Jagen und Sammeln von Daten ungebremst voranschreitet. Spätestens unter diesem Blickwinkel kommen dann Aspekte und Begriffe wie „Vertrauen" und „Akzeptanz" ins Spiel.

Muss die Finanzverwaltung nur zwangsläufig mit der IT-Entwicklung in den Unternehmen und im Privatbereich „mithalten" und analog „aufrüsten", um ihre originäre Aufgabe überhaupt noch erfüllen zu können und sich medienbruchfrei in die Prozesse der Wirtschaft integrieren zu können? Oder nutzt sie unter dem Deckmantel „moderner Besteuerungsverfahren" und der „technologischen Waffengleichheit" über das notwendige Maß hinaus zunehmend technische Möglichkeiten, die dann Fragen der Angemessenheit und der entstehenden Bürokratiekosten für die Steuerpflichtigen aufwerfen: Immer mehr Daten müssen in auswertbarer Form aufbewahrt werden, ohne dass die Notwendigkeit dafür oder die konkrete Verwendung der Daten transparent gemacht werden. Somit ist es nicht verwunderlich, dass zum Teil das Bild eines Wettlaufs zwischen Finanzverwaltung und Steuerpflichtigen entsteht, der auf die Gewinnung taktischer und/oder strategischer Vorteile durch den IT-Einsatz auf beiden Seiten ausgelegt ist.

Umso wichtiger ist es, dass auf beiden Seiten und trotz bzw. gerade wegen der „Big Data-Befürchtungen" ein Kernkonsens über eine für beide Seiten bürokratiearme und gerechte Besteuerung besteht, und dass dies besser miteinander als gegeneinander erreicht werden kann. Dass dies keine hohlen Phrasen sind, sondern die frühzeitige Einbeziehung der Wirtschaft in die Konzeption neuer Besteuerungsverfahren über Erfolg und Misserfolg großer Projekte entscheiden kann, zeigen beispielhaft die gescheiterten Projekte FISKUS und ELENA, während das E-Bilanz-Projekt angesichts des relativ reibungslosen Starts und der inzwischen breitflächig elektronisch eingereichten Steuerbilanzen durchaus als positives Beispiel genannt werden kann.

Natürlich ist es stark verkürzt, den Erfolg und Misserfolg der beispielhaft genannten Projekte angesichts vielfältiger Einflussfaktoren – wie z.B. die in Deutschland immer wieder problematische föderale Struktur (auch) der Finanzverwaltung – auf nur einen Erfolgsparameter zu reduzieren. Schaut man jedoch etwas genauer auf die konzeptionellen Eckpunkte der Projekte und die Art und Weise der Einbeziehung der Wirtschaft, dann erscheinen die Projektergebnisse zumindest nicht mehr überraschend. Dies wird an späterer Stelle am Beispiel der E-Bilanz noch gezeigt. Denn die elektronische Einreichung von Steuerbilanzen an die Finanzverwaltung, die erstmals gem. § 5b EStG für die Veranlagungszeiträume ab 2014 in Form eines amtlich vorgeschriebenen Datensatzes verpflichtend wurde[1], ist ein Musterbeispiel für den Aufbau eines Datenpools an stark strukturierten Daten, der zukünftig für das Risikomanagementsystem der Finanzverwaltung eine große Rolle spielen wird. Dennoch konnte in intensiven und institutionalisierten Arbeitskreisrunden und unter Austausch sach- und praxisgerechter Argumente ein praktikabler und akzeptabler Weg gefunden und beschritten werden.

Die Qualität der Auswertungen solcher Datenpools ist aber stets abhängig von der Qualität der Eingangsdaten. Zudem ist die Überprüfung der eingereichten Abschlussdaten und Steuerdeklarationen im Rahmen einer Außenprüfung umso einfacher möglich, je besser der steuerliche Außenprüfer eine Verknüp-

---

[1]   Vgl. § 5b EStG i.V.m. dem BMF-Schreiben vom 28.9.2011, IV C 6 – S2133-b/11/10009, BStBl. I 2011 S. 855und zur E-Bilanz ausführlicher: Richter/Kruczynski/Kurz, BB 2011, S. 2731.

fung der stark aggregierten Abschlussdaten mit den Buchführungsdaten im Sinne einer progressiven und retrograden Nachvollziehbarkeit herstellen kann. Deshalb liegt das Interesse der Finanzverwaltung an der Existenz und Einhaltung von Normen nahe, die nicht nur auf die Ordnungsmäßigkeit der IT-gestützten Buchführungen, sondern besonders auch auf deren maschinelle Auswertbarkeit und das längerfristige Vorhalten möglichst vieler, potenziell relevanter Daten gerichtet sind.

An dieser Stelle kommen aktuell vor allem die seit dem 1.1.2015 geltenden Ordnungsmäßigkeitsgrundsätze der Finanzverwaltung ins Spiel, die in Form der GoBD (Grundsätze zur ordnungsmäßigen Führung und Aufbewahrung von Büchern, Aufzeichnungen und Unterlagen in elektronischer Form sowie zum Datenzugriff) per BMF-Schreiben am 14.11.2014 veröffentlicht wurden[2].

Zwischen der E-Bilanz und den GoBD besteht also ein wesentlicher Zusammenhang: Während der amtlich vorgeschriebene E-Bilanz-Datensatz in Form einer sogenannten „XBRL-Taxonomie[3]" beispielhaft für ein semantisch strukturiertes und somit stark standardisiertes Einreichungs- bzw. Austauschformat steht und dadurch die Basis für qualitativ hochwertige Daten(pools) liefert, bilden die GoBD – quasi flankierend – qualitätssichernde Basisnormen dafür und ermöglichen für die Zukunft eine durchgängige Auswertbarkeit vom Buchungssatz bis hin zur Abschlussposition und zurück.

Die laufende und sich für die Zukunft abzeichnende Entwicklung der Besteuerungsverfahren hat erheblichen Einfluss auf die Gestaltung von Buchführungs- und Abschlusserstellungsprozessen in den Unternehmen und bei deren steuerlichen Beratern. Aber besonders auch die Softwarehersteller, die diese beiden Zielgruppen mit Buchführungsprogrammen bis hin zu Steuerdeklarationsprogrammen beliefern, stehen vor besonderen und teilweise neuen Herausforderungen. Nachdem im folgenden Kapitel ein Überblick über den Status bei den Themen E-Bilanz und GoBD gegeben wird, werden einige dieser Herausforderungen gezielt herausgegriffen und aufgezeigt, um abschließend einen Ausblick auf die absehbare Entwicklung abzuleiten.

---

[2] Vgl. BMF-Schreiben vom 14.11.2014, Grundsätze zur ordnungsmäßigen Führung und Aufbewahrung von Büchern, Aufzeichnungen und Unterlagen in elektronischer Form sowie zum Datenzugriff (GoBD), IV A 4 – S 0316/13/10003, BStBl. I 2014, S. 1450.

[3] Vgl. ausführlicher zu XBRL (eXtensible Business Reporting Language) im Kontext der Finanzberichterstattung: Arbeitskreis Externe Unternehmensrechnung (AKEU) der Schmalenbach-Gesellschaft für Betriebswirtschaft e. V., Finanzkommunikation mit XBRL, Der Betrieb, 2010, Heft 27+28, S. 1472-1479; und speziell zur E-Bilanz: Fuhrmann, Sven, Die E-Bilanz im XBRL-Format im internationalen Vergleich aus Beratersicht, Der Betrieb, 2008, Nr. 26, 2010, S. 59-60.

Zusammenhänge

Möglichkeiten moderner IT

- Auswertung strukturierter und unstrukturierter (Massen-)Daten
- Poolen von (Massen-)Daten
- Gewinnung taktischer und strategischer Vorteile durch IT-Einsatz (auch im Verhältnis Steuerpflichtiger ↔ Finanzverwaltung)

Demographische Entwicklung und Ressourcenknappheit

- Quantitative und qualitative Restriktionen der Finanzverwaltung und der Unternehmen
- Kein Aufbau von „Belegdatenbanken" durch die Finanzverwaltung

Standardisierung als Basis für qualitativ hochwertige Daten(pools)

- GoBD als „qualitätssichernde Basisnormen"
- E-Bilanz-Taxonomie als Beispiel für „semantisch strukturierte", „nicht-proprietäre Austauschformate" im Rahmen der Steuerdeklaration

Transparenz und Praktikabilität von Anforderungen und Formaten als Basis für Vertrauen und Akzeptanz

- Wie sind neue Formate und Verfahren zu rechtfertigen?
- Welche (beidseitigen) Vor- und Nachteile bringen sie mit sich?
- Was passiert mit den Daten der Deklaration und Außenprüfung?

12.09.2016   GoBD und E-Bilanz   6

Abb. 1: Überblick und Zusammenhänge

2 Status Quo: GoBD und E-Bilanz

2.1 GoBD

Stand Jahresmitte 2015 verbreiten sich Kenntnis und Bewusstsein bzgl. der GoBD, die seit dem 1.1.2015 die bis dahin viele Jahre geltenden GoBS[4] und GDPdU[5] abgelöst haben, erst allmählich. Die Wahrnehmung ist vor allem im Bereich der kleinen und mittleren Unternehmen noch schwach bis gar nicht ausgeprägt. Seminarangebote zu den GoBD werden erst seit der Jahresmitte spürbar mehr nachgefragt. Die Softwarehersteller arbeiten überwiegend noch an der Konzeption und Umsetzung notwendiger Anpassungen aufgrund der GoBD. Deshalb ist es nicht überraschend, sondern geradezu geboten, dass die Finanzverwaltung, insbesondere auch das BMF, deutliche „Kulanzsignale" an die Wirtschaft gegeben hat, „angemessen" mit dem Zeitraum unmittelbar nach der Geltung umzugehen, nachdem die Veröffentlichung der finalen Version erst zum 14.11.2014 erfolgt war. Wie belastbar diese Kulanzsignale sind, wird sich erst in der Zukunft bei den ersten Betriebsprüfungen zeigen, die sich auf das Jahr 2015 oder später beziehen.

Die Berücksichtigung von Aufklärungs- und Umstellungsphasen ist schon deshalb notwendig, weil neben den klarstellenden und verschärfenden Anforderungen der GoBD im Vergleich zu den GoBS zusätzlich Fehl- und Überinterpretationen einzelner GoBD-Formulierungen die Maßnahmenableitung in der Praxis erschweren. Dies kommt nicht überraschend, weil bereits von zahlreichen Kammern, Verbänden und Organisationen seit dem ersten GoBD-Entwurf darauf hingewiesen wurde, dass der Text deutliche strukturelle, definitorische und sachliche Mängel aufweist. Zwar konnten in einigen Punkten, u.a. im Rahmen von Arbeitskreisen zwischen Vertretern der Finanzverwaltung und der Wirtschaft, Kompromisse gefunden werden. Grundsätzliche Änderungen im Hinblick auf die Praktikabilität und das Verständnis der GoBD konnten jedoch nicht mehr erreicht werden.

Beispielhaft für Fehl- und Überinterpretationen seien folgende Anforderungen genannt, die von der Finanzverwaltung – das muss hier fairerweise betont werden - nicht intendiert waren:

---

[4] Vgl. BMF-Schreiben vom 07.11.1995, Grundsätze ordnungsmäßiger DV-gestützter Buchführungssysteme (GoBS), BStBl. I 1995, S. 738.
[5] Vgl. BMF-Schreiben vom 16.07.2001, Grundsätze zum Datenzugriff und zur Prüfbarkeit digitaler Unterlagen (GDPdU) BStBl. I 2001, S. 415.

- Eine Buchung (inkl. Unveränderbarkeit bzw. Festschreibung) muss spätestens 10 Tage nach dem jeweiligen Geschäftsvorfall erfolgen. →Falsch!
- Quartals- und Jahresbuchführungen sind nicht mehr zulässig. →Falsch!

Hintergrund dieser und anderer Fehlinterpretationen ist der mehrfach in unterschiedlicher Bedeutung und nicht klar verwendete Begriff der „Erfassung". Gemeint ist im Zusammenhang mit der erstmaligen Erfassung von Geschäftsvorfällen deren Dokumentation zur Identifikation sowie sicheren und geordneten Ablage der Belege und nicht etwa zwingend die IT-technische Erfassung in Form der doppelten Buchführung. Dies soll innerhalb von 10 Tagen erfolgen, was allerdings immer noch eine explizite Verschärfung gegenüber den GoBS darstellt, in denen kein konkreter Zeitraum genannt war.

Ähnlich ist es mit der sogenannten „Monatsregel", nach der einmal (vor-)erfasste Buchungssätze spätestens mit Ablauf des Folgemonats unveränderbar zu machen sind („Festschreibung")[6]. Daraus ist z.T. die Folgerung gezogen worden, dass alle Belege spätestens bis zum Ablauf des Folgemonats buchungstechnisch erfasst und somit auch zeitnah festgeschrieben werden müssen, obwohl bei einer geordneten und sicheren Belegablage (siehe oben) die IT-technische Erfassung von Belegen auch in größeren Intervallen erfolgen kann. Somit bleiben Quartals- und Jahresbuchführungen bei Beachtung einschlägiger Rahmenbedingungen weiterhin zulässig.

Die Darstellung aller Änderungen, Verschärfungen, etc. der GoBD im Vergleich zu den vorher geltenden GoBS würde den Rahmen des vorliegenden Beitrags sprengen. Deshalb seien nur stichpunktartig einige ausgewählte Verbesserungen/Erleichterungen sowie Klarstellungen/Verschärfungen genannt:

Wesentliche Verbesserungen/Erleichterungen durch die GoBD:

- Kontierung auf dem Beleg kann unter bestimmten Umständen entfallen.
- ZUGFeRD-Standard[7] wird explizit unter Ordnungsmäßigkeitsgesichtspunkten akzeptiert.
- Fehlen von Verfahrensdokumentationen führt nicht zwingend zur Verwerfung der Buchführung.
- Möglichkeit des Ersetzenden Scannens wird explizit aus dem FAQ-Katalog zu den GDPdU auf die Ebene der GoBD gehoben und konkretisiert.

---

[6] Vgl. BMF-Schreiben vom 14.11.2014, Grundsätze zur ordnungsmäßigen Führung und Aufbewahrung von Büchern, Aufzeichnungen und Unterlagen in elektronischer Form sowie zum Datenzugriff (GoBD), IV A 4 – S 0316/13/10003, BStBl. I 2014, S. 1450, Rz. 50.

[7] Zentraler User Guide des Forums elektronische Rechnung Deutschland; weiterführende Informationen unter www.ferd-net.de.

- Klarstellung: Keine Aufbewahrungspflicht für E-Mails, wenn diesen nur „Transportfunktion" zukommt (z.B. für angehängte PDF-Rechnung).
Ausgewählte Klarstellungen/Verschärfungen durch die GoBD:
- Regelungen gelten für (doppelte) Buchführung und für sonstige Aufzeichnungen steuerrelevanter Daten (insb. auch Einnahmenüberschussrechner)
- Klarstellungen zum Umfang der Einzelaufzeichnungs- und – aufbewahrungspflichten (insb. aus Vor- und Nebensystemen).
- Unveränderbarkeit gilt für Grund(buch)aufzeichnungen (insb. in Vor- und Nebensystemen) grundsätzlich mit dem Zeitpunkt der „Erfassung".
- Unveränderbarkeit, Historisierung und Aufbewahrung von Stammdaten durch Klarstellungen verschärft.
- Unveränderbarkeit gilt auch für „elektronische Dokumente und andere elektronische Unterlagen, die gem. § 147 AO aufbewahrungspflichtig sind und nicht Buchungen oder Aufzeichnungen sind".
- Integration der – weitgehend unveränderten, ehemaligen – GDPdU auf Normhierarchieebene der GoBD (allgemeine Ordnungsmäßigkeitsnormen!)
→ abstrakte und konkrete Neujustierung der GoB im Hinblick auf die Kriterien der Nachvollziehbarkeit und Prüfbarkeit.
- Konkretisierung der zeitgerechten Erfassung und Ordnung von Grund(buch)aufzeichnungen:
  - Erfassung von unbaren Geschäftsvorfällen innerhalb von zehn Tagen als Orientierung (ist unbedenklich).
  - Acht-Tages-Orientierung bei der Erfassung von Kontokorrentbeziehungen.
  - Funktion der Grund(buch)aufzeichnungen kann aber auf Dauer auch durch eine geordnete und übersichtliche Belegablage erfüllt werden.
- Späte Festschreibung von erfassten Buchungssätzen deutlich eingeschränkt (Ablauf des Folgemonats).
- Problematisierung von Office-Formaten und Ablagen auf Dateisystemebene bzgl. Unveränderbarkeit.
- Klarstellung zur Aufbewahrung von konvertierten Dokumenten:
- OCR-umgewandelte Dokumente: Volltext ist nach Verifikation und Korrektur aufbewahrungspflichtig und für die maschinelle Auswertbarkeit vorzuhalten.
- Originaldatei ist auch bei „inhaltsgleicher" Konvertierung in ein Inhouse-Format aufbewahrungspflichtig.

Ein besonderes Augenmerk soll an dieser Stelle auf die Frage gelenkt werden, was im Sinne der GoBD „maschinell auswertbar" ist: Gemäß Randziffer 126 der GoBD gilt Folgendes: „Eine maschinelle Auswertbarkeit ist [...] bei aufzeichnungs- und aufbewahrungspflichtigen Daten, Datensätzen, elektronischen Dokumenten und elektronischen Unterlagen [...] u. a. gegeben, die

- mathematisch-technische Auswertungen ermöglichen,
- eine Volltextsuche ermöglichen,
- auch ohne mathematisch-technische Auswertungen eine Prüfung im weitesten Sinne ermöglichen (z.B. Bildschirmabfragen, die Nachverfolgung von Verknüpfungen und Verlinkungen oder die Textsuche nach bestimmten Eingabekriterien)."

Sowohl durch die explizite Einbeziehung der Volltextsuche, die nicht auf bestimmte Formate beschränkt ist, sowie durch die extrem weit gefasste Umschreibung im dritten Bulletpoint sind kaum noch Bereiche vorstellbar, die nicht unter die maschinelle Auswertbarkeit aus Sicht der Finanzverwaltung fallen. Die Fokussierung auf gut strukturierte, z. B. tabellarische Daten(formate) wird zukünftig keine Orientierung mehr bieten können, nachdem sie schon in der Vergangenheit im Kontext der GDPdU z.T. strittig war.

Aus den oben überblicksartig aufgerissenen Anforderungen der GoBD ergibt sich für KMU in vielen Fällen Handlungsbedarf vor allem in folgenden Bereichen:

- Geordnete Belegablage
- Zeitnahe Festschreibung von Buchungssätzen
- Unveränderbarkeit von steuerrelevanten Daten außerhalb der doppelten Buchführung während der Dauer der Aufbewahrung (z. B. Office-Formate, revisionssicheres Archiv)
- Unveränderbarkeit/Protokollierung und Datenzugriff bei Vor- und Nebensystemen
- Verfahrensdokumentation

Ohne sachkundige Unterstützung, z. B. durch den Steuerberater, ist der nicht fachkundige Unternehmer kaum in der Lage, eine angemessene Betroffenheitsanalyse und ggf. Maßnahmenableitung durchzuführen. Derzeit fehlen auch noch praxisrelevante und verständliche Leitfäden sowie Musterverfahrensdokumentationen, um den Anforderungen gerecht zu werden und auch weniger fachkundigen Personen eine adäquate Auseinandersetzung mit dem Thema zu ermöglichen.

Schulungsaufwand entsteht auch auf Seiten der Finanzverwaltung. Es ist zu erwarten und bereits jetzt aufgrund der Schwerpunkte solcher Schulungen zu beobachten, dass die GoBD als Basis für eine (kommende) Forcierung des Datenzugriffs in qualitativer und quantitativer Hinsicht (insb. bei Vor- und

Nebensystemen, z. B. Waren-/Materialwirtschaftssysteme, Kassensysteme, Zeiterfassung, ...) genutzt werden.

Die Handlungsfelder der IT-Hersteller sind am Beispiel der DATEV-Programme in Abbildung 2 überblicksartig zusammengefasst. Zahlreiche Normen der GoBD werden – wie bisher bei den GoBS - als Maßstab bei Ordnungsmäßigkeitsbescheinigungen von Buchführungsprogrammen Einzug halten, so dass die Softwarehersteller zu analysieren und zu entscheiden haben, welche Anforderungen der GoBD funktional softwareseitig zu gewährleisten sind, während andere Anforderungen zusätzlich oder alternativ durch organisatorische Maßnahmen erfüllt werden können bzw. müssen.

Abb. 2: GoBD-Handlungsfelder der IT-Hersteller

Auch wenn ein Zwischenfazit zu den GoBD zum aktuellen Zeitpunkt noch sehr früh erscheint, sollen folgende Punkte festgehalten werden:

- Die Finanzverwaltung treibt zunehmend Handels- und steuerrechtliche Ordnungsmäßigkeitsanforderungen auseinander (→ Komplexität, Bürokratieaufbau).
- Die zu begrüßende Einbeziehung von Vertretern der Wirtschaft in der Endphase der GoBD-Abstimmung hat nur zu einzelnen Verbesserungen und Kompromissen geführt.
- Bei Akzeptanz aller Anforderungen muss die Praxis erhebliche Anstrengungen unternehmen, um diese zu erfüllen. Das betrifft nicht nur die IT-

Hersteller, sondern noch viel mehr die KMU und deren steuerlichen Berater.

- Die GoBD bilden einen (weiteren) Grundstein für die Forcierung des Datenzugriffs durch die Finanzverwaltung, ohne dass bisher Erleichterungen (z. B. Reduzierung der Aufbewahrungsfristen) entgegenstehen.
- IT-Hersteller und deren Softwareprüfer müssen im Spannungsfeld von handels- und steuerrechtlichen Ordnungsmäßigkeitsanforderungen, Interpretationsproblemen der GoBD, unter Zeitdruck und weit über die „Kern-Buchführungssysteme" hinaus einen angemessenen Umgang finden.

2.2 E-Bilanz

Mit der E-Bilanz in Form eines amtlichen Datensatzes, der nach dem international verbreiteten XBRL-Standard aufgebaut ist und auf der schon vorher in Deutschland – insb. für Offenlegungszwecke beim elektronischen Bundesanzeiger – verfügbare XBRL-HGB-Taxonomie basiert, ist die Finanzverwaltung bewusst einen neuen, modernen Weg gegangen. Sie hat nicht auf eine „formularorientierte Verkennzifferung" gesetzt, wie das noch bei der Einnahmenüberschussrechnung der Fall war, sondern hat nach Formaten am Markt gesucht, mit denen Synergien für alle Beteiligten erschlossen werden konnten. Dadurch wurde die Entwicklung und Festlegung eines neuen, proprietären, nur für die Steuerbilanz geltenden Standards vermieden.

Gleichzeitig wurde unter dem Dach des XBRL Deutschland e.V.[8] eine dauerhafte Arbeitsgruppe von Vertretern der Verwaltung und der Wirtschaft inkl. des dort besonders betroffenen steuerberatenden Berufsstandes eingerichtet, die – trotz vielfach unterschiedlicher Sichten und Interessen – gemeinsam ein tragfähiges technisches und fachliches Vorgehen konzipiert, auf freiwilliger Basis pilotiert und inzwischen etabliert hat. Durch die frühzeitige Berücksichtigung der Praxis konnten Wege und z.T. auch Kompromisse gefunden werden, die sowohl zu einer praxisgerechten Lösung als auch zu einer überwiegenden Akzeptanz der Vorgehensweise geführt haben. Stand August 2015 konnten bereits über 2 Mio. E-Bilanzen für die ersten beiden „Pflichtjahre" erfolgreich an die Finanzverwaltung übermittelt werden und dort der Verarbeitung zugeführt werden.

Die Finanzverwaltung hat sich bei der E-Bilanz entschieden, „Pflichtfelder" und „Kann-Felder" zu definieren. Die ersten Erfahrungen deuten darauf hin, dass dies das „Einreichungsverhalten" beeinflusst und die Datenverfügbarkeit

---

[8] Weiterführende Informationen unter www.xbrl.de.

bei der Finanzverwaltung verringert. So wird vermehrt nur die Minimalaus-füllungs-Strategie verfolgt.

Denn in dem Moment, wo solche Pflichtfelder definiert werden, entsteht automatisch auch eine Grenze zu den „optionalen", also freiwillig zu deklarierenden Werten, die z.T. Detailpositionen oder Kontenwerte betreffen. Es ist nicht verwunderlich, dass gerade im Einführungsprozess der E-Bilanz die Steuerpflichtigen und auch deren steuerlichen Berater überwiegend eine Orientierung am Mindestumfang gesucht haben, um eine „nicht geforderte" Transparenz bis hin zu Haftungsfragen des Steuerberaters aufgrund einer „falsch empfohlenen Einreichungsstrategie" zu vermeiden. Dieses Verhalten wiederum führt in zahlreichen Einzelfällen und in Teilen der Verwaltung zu der Feststellung, dass trotz der im Vergleich zur vorherigen Papiereinreichung stärkeren Verbindlichkeit des Umfangs trotzdem weniger an Informationen (Berichtsbestandteile, Erläuterungsberichte, Summen- und Saldenlisten, etc.) eingereicht werden. Um Nachfragewellen zu vermeiden und möglichst auf den bisherigen Informationsstand zurückzukommen, wurden zuletzt unterschiedliche Wege beschritten (z. B. Schreiben der Verwaltung, Abstimmung auf der Ebene der regionalen Steuerberaterkammern).

Diese Momentaufnahme macht deutlich, dass neue, automatisierte Verfahren aufgrund von Rahmenparametern wie hier expliziten Pflichtfeldern das Vertrauen und die Akzeptanz der Steuerpflichtigen auf die Probe stellen, selbst wenn zuvor in der Breite schon mehr Informationen an die Finanzverwaltung geflossen sind, als der nun gültige Pflichtumfang erfordert (z. B. um aus Erfahrung heraus Nach- und Rückfragen zu vermeiden). Es muss zwar Spekulation bleiben, liegt aber nahe zu vermuten, dass ein Verzicht auf die Definition eines Mindestumfangs sowohl bei den Steuerpflichtigen als auch bei deren Steuerberatern tendenziell eher zu einer Beibehaltung des vormaligen Einreichungsumfangs geführt hätte.

Insgesamt kann im Hinblick auf die E-Bilanz folgendes Zwischenfazit gezogen werden:

- Die frühzeitige und nachhaltige Einbeziehung von Vertretern aus steuerberatendem und wirtschaftsprüfendem Berufsstands und der Wirtschaft sowie die Verwendung des internationalen XBRL-Standards haben deutlich zur Akzeptanz beigetragen.
- Die IT-Hersteller mussten erhebliche Anstrengungen unternehmen, um praxisgerechte Workflows zu entwickeln, konnten dabei aber überwiegend auf Synergien zur bisherigen Verwendung von XML/XBRL-Schnittstellen zurückgreifen.

- Die Anforderung von expliziten „Pflichtpositionen" hatte nicht nur Folgen für die Akzeptanz, sondern auch für die grundsätzliche „Transparenzstrategie" der KMU und deren steuerlichen Berater sowie IT-Dienstleister.
- Die Standardisierung durch die E-Bilanz führt – bei Kenntnis und Beachtung einiger Besonderheiten – zu einem erheblichen Auswertungspotenzial durch die Finanzverwaltung im Rahmen deren RMS.

3 Hürden und Spannungsfelder aus Sicht des IT-Herstellers

Auf unterschiedliche Hürden und Spannungsfelder, die sich für die IT-Hersteller bei der Umsetzung und Unterstützung von Projekten im Rahmen der Modernisierung und insbesondere Automatisierung des Besteuerungsverfahrens ergeben, wurde bereits an einigen Stellen hingewiesen. Dabei ist einerseits die „Konzeptionsphase" zu betrachten, in der die Hersteller im besten Fall frühzeitig einbezogen werden, um Hinweise zur Machbarkeit und Umsetzung, aber auch zur Wirtschaftlichkeit geben zu können. Andererseits ist die Implementierungsphase zu betrachten, in der die „gesetzlichen Änderungen" in geeigneter Form Eingang in die Software finden, um dem Endnutzer möglichst viel Komfort mit wenig zusätzlicher Komplexität zu bieten, wobei ebenfalls Kosten-Nutzen-Überlegungen eine zwangsläufige Rolle spielen müssen. Schließlich stellt sich die Frage für die IT-Hersteller, ob und wie sie ihre Anwender dabei unterstützen können, mögliche Folgen, Rückfragen, Verhalten, etc. der Finanzverwaltung zu antizipieren, um angemessen darauf reagieren zu können.

Sofern die IT-Hersteller – und dann i.d.R. unter Einbezug weiterer Beteiligter – in die Konzeptionsphase mit einbezogen werden, können sie i.d.R. nicht nur Hinweise zur technischen Machbarkeit und benutzergerechten Umsetzbarkeit geben, sondern auch ihre Erfahrungswerte hinsichtlich Benutzerakzeptanz, typischer Praxisworkflows und Wirtschaftlichkeit von unterschiedlichen Lösungs-/Implementierungswegen aufzeigen. Letzteres umfasst auch die Suche nach möglichen Synergien zu bereits vorhandenen Techniken/Modulen und Lösungen. Eine solche Einbeziehung hat sich in der Vergangenheit vielfach bewährt und ist vor allem dann für alle Beteiligten transparent, wenn Vertreter aller zukünftig Betroffenen bis hin zu den „Endanwendern" gemeinsam am Tisch sitzen und ihre Aspekte einbringen können.

Je weniger intensiv eine solche Einbeziehung in die Konzeptionsphase ist, desto eher entstehen erfahrungsgemäß in der Implementierungsphase bei den einzelnen Herstellern unterschiedliche Hürden und Fragen. Zunächst fehlen häufig ausreichende Informationen und operationale Vorgaben, nach denen die Umsetzung in der Software konkret erfolgen kann. Das kostet im besten Fall Zeit für Rückfragen, führt aber häufig auch dazu, dass Interpretationsspielräume verbleiben und ausgefüllt werden müssen. Nicht nur vereinzelt kommt es vor, dass hierdurch auch Lücken im Grundkonzept aufgedeckt werden, die Detaillierungen und Nachbesserungen durch die Verwaltung erforderlich machen.

Die IT-Hersteller stehen hinsichtlich einzelne Aspekte der GoBD und der E-Bilanz vor einem Zielkonflikt: Eine zu restriktive Vorgehensweise in der Software – z.B. bei der Unveränderbarkeit/Festschreibung von Grund(buch)aufzeichnungen und Buchungssätzen, bei der Protokollierung sowie bei vorbelegten Standardeinstellungen für den Umfang zu übermittelnder Daten - könnte vom Endanwender als Bevormundung oder als „vorauseilender Gehorsam" gegenüber der Finanzverwaltung empfunden werden. Eine zu „offene" Vorgehensweise, die erhebliche Verantwortung beim Anwender belässt und ergänzend auf organisatorische Maßnahmen setzt, damit im Zusammenspiel mit der Software ordnungsmäßig gearbeitet werden kann, könnte vom Endanwender als wenig „komfortabel" und als „Aufwands- und Risikoverlagerung auf dem Rücken des Anwenders" empfunden werden.

Ein weiteres Risiko bzw. Akzeptanzproblem, das die IT-Hersteller trifft, ist die Überwälzung der Konzeptions- und Implementierungskosten von gesetzlichen Änderungen auf ihre Kunden. Während öffentliche IT-Projekte (nicht nur) im Rahmen des Besteuerungsverfahrens häufig mit sachlich und politisch fragwürdigen und kaum belegbaren „Bürokratiekostenabbauversprechen" einhergehen (die zudem häufig auch nur auf die Innensicht der Verwaltung bezogen sind), stellt sich die Praxis ganz anders da: Zusätzlich zur reinen IT-Umsetzung sind z.B. Software-Distributionskosten, Schulungskosten der Anwender, Kosten der Workflowumstellungen bei den Anwendern usw. zu betrachten. Die Anwender der Software fühlen sich durch die neue Anforderung belastet und sind gleichzeitig häufig mit einmaligen, dauerhaften oder fallbezogenen Zusatzkosten der Software konfrontiert. Je individueller die eingesetzte Software dabei ist, desto höher werden i.d.R. die entstehenden Kosten sein.

Insgesamt führen die beispielhaft aufgegriffenen Hürden und Spannungsfelder aus Sicht der IT-Hersteller erneut zu der Folgerung, dass sowohl aus volkswirtschaftlicher Sicht als auch aus Sicht der betroffenen, einzelnen Endanwender eine frühzeitige Einbeziehung in IT-Projekte der (Finanz-)Verwaltung nicht nur zweckmäßig, sondern geradezu geboten ist und – wie Beispiele zeigen – sich positiv auf den Gesamterfolg eines Vorhabens auswirken. Denn schon allein aufgrund der inzwischen regelmäßig zu beobachtenden Gesamtkomplexität solcher Projekte kann kein einzelner Beteiligter – und eben auch nicht die Finanzverwaltung – allein den „optimalen" und akzeptierten Weg konzipieren.

4 Ausblick mit zukünftigen Herausforderungen

Angesichts der aufgezeigten Entwicklungen und Erfahrungen am Beispiel der E-Bilanz und der GoBD lassen sich sowohl Herausforderungen der Zukunft als auch ein Ausblick auf die absehbare Entwicklung formulieren. Hierfür stehen folgende Thesen in zusammenfassender Art:

- Die Finanzverwaltung kann und wird ...
  - einen ständig steigenden Automatisierungsgrad anstreben, der in nicht allzu ferner Zeit bis hinein in die operativen Systeme der Wirtschaft reicht.
  - Taxonomien als Basis auch für Plausibilisierungen und Berechnungen nutzen, die sie den IT-Herstellern zur Verfügung stellt.
  - Daten neben Einzelfallprüfungen insb. in aggregierter (Schema-)Form (z. B. E-Bilanz, EÜR) poolen und auswerten.
  - auf die Entgegennahme und das Poolen von einzelnen Transaktionsdaten (insb. Belegbilder und Einzelbuchungssätze) im Deklarationsprozess weitestgehend verzichten, sofern sich die Risikomanagementsysteme auf Basis der aggregierten Deklarationsdaten bewähren.
  - stärker als in der Vergangenheit auf „Systemprüfungen" setzen (müssen).
- Unternehmen und deren steuerliche Berater können und werden ...
  - stärkeres Gewicht auf die ordnungsmäßige Abwicklung, die dabei eingesetzten IT-Systeme und die notwendige Dokumentation der Verfahren, ihre Anwendung und Überwachung legen (müssen).
  - zunehmend Möglichkeiten nutzen (wollen), um Deklarations-, Risikomanagementsystem- und Prüfungsergebnisse zu antizipieren.
  - Ausweichstrategien suchen, sofern sie von neuen Anforderungen qualitativ und/oder quantitativ überfordert werden.

Um Transparenz und Praktikabilität von Anforderungen und Formaten als Basis für Vertrauen und Akzeptanz zu sichern, sollten alle Beteiligten ...

- auf offene, mindestens (bundes-)einheitliche, nicht-proprietäre und wirtschaftlich einsetzbare Verfahren/Standards setzen!
- frühzeitig und nachhaltig neue Normen und Verfahren konstruktiv gemeinsam eruieren, abstimmen und verproben; dazu gehören auch die rechtzeitige Berücksichtigung der IT-seitigen Umsetzbarkeit und die gesamtwirtschaftliche Wirkungsanalyse neuer Normen!

- ein weiteres Auseinanderlaufen handels- und steuerrechtlicher Normen und Verfahren verhindern!
- sich im internationalen Wettbewerb einem regelmäßigen Benchmark mit anderen Ländern unterziehen!

GoBD und Big Data

Holger Klindtworth,
CISA, CIA, CISM
EBNER STOLZ, Hamburg

Inhaltsübersicht

1 IT und Steuern

Zwischen den Anforderungen des Steuerrechts und den Anforderungen an die IT-gestützte Informationsverarbeitung existieren die verschiedensten Überschneidungen. Dazu gehören unter anderem auch die folgenden steuerlichen Regelungen der Abgabenordnung, der Umsatzsteuergesetzgebung:

- § 140 AO: Buchführungspflicht
- § 146 AO: Buchführung und Aufzeichnungen
- § 147 AO: Aufbewahrung von Unterlagen
- § 14 UStG: Ausstellung von Rechnungen
- § 14b UStG: Aufbewahrung von Rechnungen
- Grundsätze ordnungsmäßiger DV-gestützter Buchführungssysteme (GoBS, BMF-Schreiben vom 7.11.1995).
- Grundsätze zum Datenzugriff und zur Prüfbarkeit digitaler Unterlagen (GDPdU, BMF-Schreiben vom 16. Juli 2001)

Mit dem BMF-Schreiben vom 14. November 2014 wurden die „Grundsätze zur ordnungsgemäßen Führung und Aufbewahrung von Büchern, Aufzeichnungen und Unterlagen in elektronischer Form sowie zum Datenzugriff" (GoBD) elektronisch publiziert. Diese sind seit dem 01. Januar 2015 gültig und sind weitestgehend eine Zusammenlegung der GoBS und der GDPdU sowie des Fragen- und Antwortenkatalogs der Finanzbehörden zum Datenzugriffsrecht. Es erfolgte keine Änderung der Rechtsgrundlagen in der Abgabenordnung, sondern eine Anpassung der GoBS/ GDPdU an moderne Buchführungssysteme und eine Klarstellung von verschiedenen Zweifelsfragen aus Sicht der Finanzverwaltung.

2 Die GoBD – Ausgewählte Aspekte

Trotz Zusammenführung der Verwaltungsanweisungen zu den GoBS und den GDPdU, hat sich an den gesetzlichen Grundlagen nichts geändert. Die Rechtsgrundlage, auf denen die jeweilige Textziffer der GoBD beruht, ist in dieser Verwaltungsanweisung leider nicht immer klar ersichtlich. Bloße verwaltungstechnische Regelungen können nicht durch die Zusammenführung zweier Verwaltungsanweisungen zu einer „handelsrechtlichen GoB" erstarken. Auch die Auslegung der Abgabenordnung (AO) bleibt durch die Zusammenlegung zweier Verwaltungsanweisungen unverändert.

Grundsätzlich gibt es allerdings verschiedene interessante Anforderungen an die neuen GoBD, die ihre Bedeutung in der Praxis haben. Auf Einzelne sei hier beispielhaft eingegangen:

Zeitnahes Buchen
Im Bereich des Grundsatzes der Richtigkeit, Klarheit und fortlaufenden Aufzeichnung im Rahmen der zeitgerechten Buchungen und Aufzeichnungen hieß es in der Entwurfsfassung: „Länger als **etwa zehn Tage** darf ein unbarer Geschäftsvorfall grundsätzlich grundbuchmäßig nicht unerfasst bleiben." In der endgültigen Fassung heißt es nun, dass eine Erfassung von unbaren Geschäftsvorfällen **innerhalb von zehn Tagen** unbedenklich ist. Werden Geschäftsvorfälle periodenweise statt laufend gebucht, muss:

- die Erfassung der unbaren Geschäftsvorfälle eines Monats bis zum Ablauf des folgenden Monats in den Büchern erfolgen und
- durch organisatorische Maßnahmen (bspw. Ablage in gesonderten Ordnern oder elektronischen Grund(buch)-aufzeichnungen) ein Verlust der Unterlagen verhindert werden.

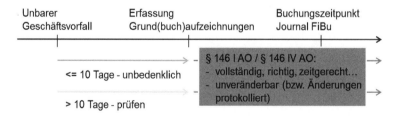

Abb. 1: Zeitnahes Buchen

Unveränderbarkeit

Auch die Unveränderbarkeit der Daten, Datensätze, elektronischer Dokumente und Unterlagen kann hardwaremäßig, softwaremäßig (z.B. durch Sperren, Protokollierung, Historisierung) oder organisatorisch (z.B. mit Hilfe von Berechtigungskonzepten) sichergestellt werden. „Die Ablage von Daten und elektronischen Dokumenten in einem Dateisystem erfüllt die Anforderungen der Unveränderbarkeit regelmäßig nicht, soweit nicht zusätzliche Maßnahmen ergriffen werden, die eine Unveränderbarkeit gewährleisten."

Dies bedeutet, dass unabhängig von der eingesetzten Technologie, geeignete Schutzmaßnahmen ergriffen werden müssen; der Einsatz von unveränderbaren Medien oder eines speziellen Archivsystems aber nicht zwingend vorgesehen ist. Die maschinelle Auswertbarkeit ist bei Daten, Datensätzen, elektronischen Dokumenten und Unterlagen u.a. gegeben, die

- mathematisch-technische Auswertungen ermöglichen
- eine Volltextsuche ermöglichen.

Bei der Umwandlung in andere Formate ist eine Reduzierung bereits bestehender maschineller Auswertbarkeit unzulässig. Beispiele für unzulässige Umwandlungen des Datenformats sind:

- PDF/A-3 in Bildformate
- elektronische Grund(buch)-aufzeichnungen in PDF
- Journaldaten einer Finanz- oder Lohnbuchhaltung in PDF

Im Belegwesen (Belegfunktion und Buchungsangaben) heißt es bzgl. der Ordnung, dass diese bei elektronischen Belegen auch durch Verbindung mit einem Datensatz, Kontierungsvermerken oder elektronischer Verknüpfung (z. B. eindeutiger Index, Barcode) erfolgen kann.

Konsequenzen der GoBD für die Abschlussprüfung

Aus einem BMF-Schreiben ergibt sich naturgemäß keine Interpretation handelsrechtlicher Anforderungen an die Ordnungsmäßigkeit und Sicherheit der Buchführung. Die GoBD sind keine Steuergesetze, sondern ein BMF-Schreiben, das nur für die Finanzverwaltung verpflichtend anzuwenden ist. Dies bedeutet im ersten Schritt, dass die GoBD keine direkten Auswirkungen auf den Jahresabschluss haben.

Insgesamt führen die GoBD zu einem weiteren Auseinanderlaufen handels- und steuerrechtlicher Anforderungen, insbesondere zur Auswertbarkeit von Daten. Es ist somit kein umfassendes Normengerüst, jedoch Ausgangspunkt für eine breite Meinungsbildung, z.B. im Rahmen der Rechtsfortbildung (z.B. Richterrecht).

157

In jedem Fall sollte der Wirtschaftsprüfer aber dem Steuerpflichtigen entsprechende Hinweise geben, wenn im Rahmen der Jahresabschlussprüfung handelsrechtlich unbedenkliche Verstöße gegen die GoBD offenbar werden.

Praxis der GoBD im Rahmen der elektronischen Rechnung

Als Praxisbeispiel für die Anwendung der GoBD dient hier der **elektronische Rechnungseingang**. Mit Verabschiedung des Steuervereinfachungsgesetztes (StVereinfG) vom 01. Juli 2011 hat die elektronische Rechnung in Deutschland deutlich an Bedeutung gewonnen.

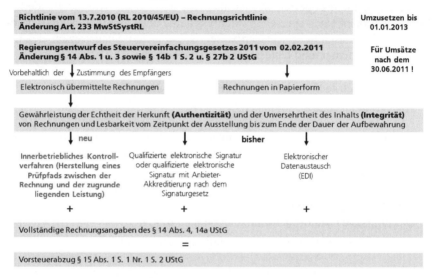

Abb. 2: Wege des Rechnungseinganges

Innerbetriebliches Kontrollverfahren

Verpflichtend bei einer elektronischen Rechnungsverarbeitung ist ein innerbetriebliches Kontrollverfahren im Unternehmen.

Ein innerbetriebliches Kontrollverfahren ist nach BMF-Schreiben vom 2. Juli 2012 (Az.: IV D 2 – S 7287-a/09/10004:003) ein Verfahren, welches der Unternehmer zum Abgleich der Rechnungen mit seinen Zahlungsverpflichtungen einsetzt – in der „realen Welt" auch einfach Rechnungsprüfung genannt. Der Unternehmer wird im eigenen Interesse insbesondere überprüfen, ob die Rechnung in der Substanz (hinsichtlich Qualität und Quantität) korrekt ist, sprich der Rechnungsaussteller also tatsächlich einen Zahlungsanspruch hat,

- um zu gewährleisten, dass er nur die Rechnungen begleicht,
- zu deren Begleichung er auch verpflichtet ist und
- die angegebene Kontoverbindung korrekt ist und ähnliches.

Eine übermittelte Rechnung sollte dabei über folgende Punkte Auskunft geben können:

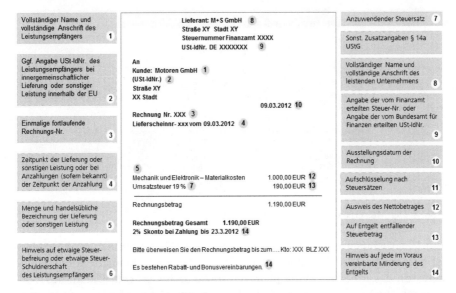

Abb. 3: Punkte einer elektronischen Rechnung

Bei der Verarbeitung einer elektronischen Rechnung im Beschaffungsprozess (sei der Eingang als Fax, E-Mail, IDOC, EDI(FACT), PDF, XML...erfolgt) sind folgende Prozessschritte zu beachten:

- Klassifizierung des Belegs als Rechnung
- Lieferantenerkennung (Abgleich mit Stammdaten)
- Prüfung auf Vollständigkeit (§ 14 UStG)
- Positionsabgleich/ Positionsdatenerkennung
- Validierung und Übergabe des Belegs

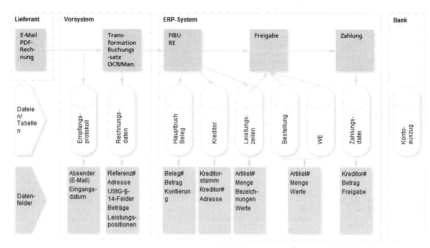

Abb. 4: Der Musterprozess der Eingangsrechnung

Ein Unternehmen erhält eine Rechnung. Die E-Mail-Adresse des Absenders ist bekannt (E-Mail Domäne des Kreditoren bekannt, definierte Lieferanten-adresse), das Eingangsdatum plausibel sowie archiviert (mit Datum des Vor-stcucrabzugs) und im Anhang befindet sich eine Datei, bzw. eine Leistungs-position im E-Mail-Body (Dateisendung bzw. Format-Tags). Vor der Über-tragung in das ERP-System sollten folgende Prüfungen aufbauend durchgeführt werden:

- Vollständigkeit UStG §14-Datenfelder
- Plausibilität USt-ID-Nummer
- Plausibilität Beträge
- Rechnerische Richtigkeit
- Vorsteuer-Betrag/ Steuerschlüssel
- Plausibilität Kreditor/ Kreditoradresse

Im Zuge der Übertragung in das ERP-System (FIBU RE) wird folgendes ge-prüft:

- Dokumenten-ID (Archiv) vs. fortlaufende Belegnummer
- Plausibilität Kontierung (Gegenkontenanalyse)
- Steuerschlüssel
- Umsatzsteuerverprobung
- Existenz Referenznummer (z.B. Bestellnummer)
- Zuordnung Leistungszeilen (z.B. Artikel)
- Plausibilität der Mengen und des Wertes

Bei Freigabe und dem daraus folgenden Zahlungsanspruch wird die Rechnung gegen den Wareneingang und gegen die Bestellung geprüft, ob Preise und Mengen sowie die Konditionen übereinstimmen.

In einem letzten Schritt erfolgt dann die Zahlung. Es werden die Belege und Referenzen geprüft - der Rechnungsbetrag gegen den Zahlbetrag und der Rechnungskreditor gegen den Zahlungsempfänger (Bankverbindung).
Folgende Prüfungshandlungen sind gesamt betrachtend möglich:

- Abgleich E-Mail-Adressen Eingang (Anzahl E-Mails/Rechnungen) mit Zahlungen (Anzahl)
- Vollständigkeit Archivdokumente und FiBu-Belege
- „Große Umsatzprobe" (Summe aller Belegzeilen mit Rechnungssummen)
- Umsatzsteuerverprobung nach Konten
- Keine Lücken in Rechnungsnummern
- Keine „alten" Verbindlichkeiten
- Analyse WE/ RE-Konten (wenn vorhanden)
- Prüfung Änderungen Kreditorenstammdaten
- Prüfung CPD-Nutzung
- Prüfung Änderung Kontenfindung
- Prüfung Verwendung von Mahnsperren
- Prüfung auf Doppelzahlungen
- Statistische Analysen (Benford, Chi^2 & Hill)
- Prüfung Funktionstrennungsmatrix

Alle diese Prüfungshandlungen geben einen Überblick über die Prüfungsmöglichkeiten und -ansätze der Finanzverwaltung im Rahmen der betrieblichen Außenprüfung.

3 Zusammenspiel der GoBD mit anderen steuerlichen Regelungen

Als Folge des Steuervereinfachungsgesetzes vom 1. November 2011 ist der Datenzugriff im Rahmen der steuerlichen Außenprüfung (Betriebsprüfung) nicht mehr nur auf förmlich (mit Prüfungsanordnung) angekündigte Außenprüfungen beschränkt, sondern kann auch informell angekündigte. Somit ist nun eine lückenlose Aufbewahrung elektronischer Abrechnungen und rechtzeitige Einrichtung von Benutzerprofilen zwingend nötig, da im zweiten Fall eine unverzügliche Datenbereitstellung bzw. ein unverzüglicher Systemzugriff gewährleistet sein muss.

Gleichzeitig ist aber auch ein Zugriff auf elektronische Rechnungen im Rahmen der (unangekündigten) Umsatzsteuer-Nachschau nach § 27b UStG möglich: „Soweit dies erforderlich ist, hat der die Umsatzsteuer-Nachschau durchführende Amtsträger das Recht, hierfür die eingesetzten Datenverarbeitungssysteme zu nutzen."

4 Big Data

Big Data ist der Einsatz großer Datenmengen aus vielfältigen Quellen mit einer hohen Verarbeitungsgeschwindigkeit zur Erzeugung wirtschaftlichen Nutzens. Charakterisiert ist Big Data durch die drei Merkmale „Volume", „Variety" und „Velocity".

- *„Volume"* bezieht sich auf die Datenmenge. Unternehmen verfügen über gigantische Datenberge, die von einigen Terabytes bis hin zu Größenordnungen von Petabytes reichen können.
- Insgesamt muss man sich mit einer zunehmenden Vielfalt von Datenquellen und Datenformaten auseinandersetzen. Dabei handelt es sich um Daten unterschiedlichster Art, die sich grob in unstrukturierte, semistrukturierte und strukturierte Daten gruppieren lassen. Unternehmensinterne Daten werden darüber hinaus zunehmend durch externe Daten ergänzt, beispielsweise aus sozialen Netzwerken. *„Variety"* steht für die Datenvielfalt und die kontrollierte Aufbereitung der Datenströme, aus denen Informationen gewonnen werden können.
- *„Velocity"* beschreibt die durchgehende Produktion von Daten. Somit ist eine schnellere Auswertung von enormen Datenmengen mitunter in Echtzeit nötig. Herausforderungen bestehen hier somit in der Analyse großer Datenmengen mit Antworten im Sekundenbereich, der Datenverarbeitung in Echtzeit sowie der Datengenerierung und Übertragung in hoher Geschwindigkeit.

Treten alle diese drei Charakteristika ein, so spricht man von Big Data. Big Data verspricht einige Möglichkeiten für Unternehmen in der Datenanalyse. Es geht hierbei vor allem darum, Methoden zur möglichst automatisierten Erkennung und Nutzung von Mustern sowie Zusammenhängen und Bedeutungen zu erarbeiten, um bisherige Datenanalyse-Verfahren zu erweitern, beispielsweise um statistische Verfahren, Vorhersagemodelle, Optimierungsalgorithmen, Data Mining oder Text- und Bildanalytik. Durch und mit Big Data ergeben sich verschiedenste Herausforderungen:

- Verarbeitung von vielen Datensätzen
- Verarbeitung von vielen Spalten innerhalb eines Datensatzes
- Schneller Import von großen Datenmengen
- Sofortige Abfragemöglichkeit von importieren Daten (Real-Time-Processing)
- Kurze Antwortzeiten auch bei komplexen Abfragen
- Möglichkeit zur Verarbeitung von vielen gleichzeitigen Abfragen (Concurrent Queries)

5 GoBD und Big Data

Aus der **GoBD** folgen Pflichten für den Buchführungspflichtigen, wobei hier die steuerrechtlichen Vorschriften (GoBD) noch einen Schritt weiter gehen, als die des HGB. Es besteht die Pflicht zur unverzüglichen Lesbarmachung von Daten statt, „in angemessener Frist". Originär digitale Unterlagen sind auch in dieser Form zu archivieren (6-10 Jahre) und die maschinelle Auswertbarkeit originär digitaler Daten ist sicherzustellen. D. h. von allen steuerpflichtigen Unternehmen in Deutschland stehen, zumindest in der Theorie, Daten aus 10 Jahren zur Verfügung.

Beispielsweise im Bereich der E-Bilanz ergeben sich durch die Sammlung der elektronischen Steuerbilanzen eine „Massendatensammlung" (Big Data). Beginnend mit dem 31.12.2012 ergänzte die E-Bilanz nun die GDPdU/GoBD.
Die E-Rechnung ist als weiteres Beispiel zu nennen. Sie ist das Ergebnis einer europäischen Initiative, um Geschäftsprozesse effizienter und einfacher zu gestalten. In Deutschland ist sie bereits Bestandteil des Steuervereinfachungsgesetzes vom 01. Juli 2011.

Als Fazit lassen sich stichpunktartig abschließend folgende Punkte festhalten:

- Big Data-Verarbeitung wird derzeit von der Finanzverwaltung mit der GoBD vorbereitet
- Vollständiges „Risikomanagement" (steuerliche Risiken aus Sicht des Finanzamts)
- Hypothetisches Teilziel: „Abgleich aller Ausgangsrechnungen mit allen Eingangsrechnungen aller Unternehmen Deutschlands"

Big Data ! - Vollständige steuerliche Transparenz